Programmier-Werkstatt

Thomas Tilli

Suchen und Sortieren
in Java ab JDK-Version 1.0

„Ab einer bestimmten Anzahl von Datensätzen gräbt ein gutes
Quicksort-Verfahren in Java jeder noch so guten Assembler-Implementierung
des BubbleSort-Verfahrens das Wasser ab"

Mit 60 Abbildungen

Franzis'

Die Deutsche Bibliothek – CIP-Einheitsaufnahme

Suchen und sortieren in Java ab JDK-Version 1.0 : "Ab einer
bestimmten Anzahl von Datensätzen gräbt ein gutes Quicksort-
Verfahren in Java jeder noch so guten Assembler-Implementierung
des BubbleSort-Verfahrens das Wasser ab" / Thomas Tilli. -
Feldkirchen : Franzis, 1997
ISBN 3-7723-6004-1

© 1997 Franzis-Verlag GmbH, 85622 Feldkirchen

Alle Rechte vorbehalten, auch die der fotomechanischen Wiedergabe und der Speicherung in elektronischen Medien.
Die meisten Produktbezeichnungen von Hard- und Software sowie Firmennamen und Firmenlogos, die in diesem Werk genannt werden, sind in der Regel gleichzeitig auch eingetragene Warenzeichen und sollten als solche betrachtet werden. Der Verlag folgt bei den Produktbezeichnungen im wesentlichen den Schreibweisen der Hersteller.

Satz: Autor, Belichtung: Kaltner Media GmbH, Bobingen
Druck: Offsetdruck Heinzelmann, München
Printed in Germany - Imprimé en Allemagne.

ISBN 3-7723-6004-1

Tilli
Suchen und Sortieren in Java

Vorwort

Was ist denn nun so toll an diesem Java? Java ist eine Programmiersprache für verteilte Applikationen. Verteilte Applikationen sind Programme, die aus mehreren Teilen bestehen. Jeder Teil kann sich auf einem anderen Rechner befinden. Außer dem Programm gibt es noch die Daten, die ebenfalls von verschiedenen Rechnern stammen können. Das Neue daran: Es werden nicht nur die Daten auf den eigenen Rechner geladen, wie es bisher der Fall war, sondern auch das Programm, das mit diesen Daten umgehen kann.

Java ist eine ausgewachsene Programmiersprache. Alles, was bisher in C++ oder welcher Sprache auch immer geschrieben wurde, ist auch mit Java möglich. Die Konsequenzen kann man sich leicht ausmalen: alle Mainstream-Applikationen, wie Textverarbeitungsprogramme, Tabellenkalkulationen oder Datenbanken werden in Java geschrieben und bei Bedarf von den Anwendern über das Internet geladen.

Java ist Plattform-übergreifend. Java-Programme laufen auf jedem Rechner, für den es einen Java-Interpreter gibt. Und das sind heute schon fast alle Rechnertypen, vom PC oder Macintosh bis zur Unix-Workstation: Man spricht Java. Die Bedeutung von Multiplattform-Software kann gar nicht hoch genug eingeschätzt werden. Kostspielige Portierungen der Quelltexte entfallen einfach. Das spart nicht nur Geld, was auch den Anwendern zugute kommt, sondern vervielfacht die Anzahl potentieller Kunden für ein Software-Produkt.

Aber auch Programmiersprachen wollen erlernt werden. Hier möchte dieses Buch helfen. Begleiten Sie mich und schreiben Sie Ihre eigenen Java-Anwendungen.

In diesem Sinne wünsche ich viele Aha-Erlebnisse bei der Lektüre dieses Buches.

München, im August 1997

Thomas Tilli

Inhalt

1	**Einleitung**	**11**
1.1	Motivation	11
1.2	Zielsetzung dieses Buches	12
1.3	Aufbau des Buches	12
2	**Algorithmen, Rechenzeit- und Speicherplatzbedarf**	**15**
2.1	Einleitung	15
2.2	Zeitbedarf von Algorithmen	16
3	**Algorithmenimplementierung mit Java**	**19**
3.1	Java und objektorientierte Programmierung	19
3.2	Realisierung datentypunabhängiger Algorithmen in Java	20
4	**Elementare Sortierverfahren**	**23**
4.1	Einleitung	23
4.2	Einige Bemerkungen zur Nomenklatur	25
4.3	Insertion-Sort	28
4.4	Selection-Sort	32
4.5	Bubble-Sort	36
4.6	Shell-Sort	36
4.7	Vergleich und Bewertung	40
5	**"Höhere" Sortierverfahren**	**55**
5.1	Einleitung	55
5.2	Quicksort	56
5.2.1	Die Grundidee von Quicksort	56
5.2.2	Beseitigung der Rekursion	59
5.2.3	Verbesserung der Zerlegung	61
5.2.4	Behandlung kleiner Teildateien	64

5.3	Heapsort	67
5.3.1	Heaps	68
5.3.2	Sortieren mit Heaps: Heapsort	72
5.4	Vergleich und Bewertung	78
6	**Einfache Suchmethoden**	**81**
6.1	Einleitung	81
6.2	Sequentielles Suchen	83
6.2.1	Implementierung	83
6.2.2	Eigenschaften	88
6.2.3	Ein praktisches Beispiel	89
6.3	Binäres Suchen	96
6.3.1	Implementierung	96
6.3.2	Eigenschaften	102
6.4	Interpolationssuche	103
6.5	Vergleich der Suchverfahren	107
6.6	Empfehlungen	112
7	**Hash-Tabellen**	**113**
7.1	Einleitung	113
7.2	Die Klasse java.util.Hashtable	115
7.3	Hash-Funktionen	116
7.4	Hashing mit offener Adressierung	117
7.4.1	Implementierung	118
7.4.2	Ein praktisches Beispiel	127
7.4.3	Eigenschaften	134
7.4.4	Benchmark-Test	135
7.4.5	Nochmals die Klasse java.util.Hashtable	138
7.4.6	Doppeltes Hashing	139
7.4.7	Hashing mit getrennter Verkettung	140
7.5	Zusammenfassung	141
8	**Bags und Sets - für Spezialaufgaben**	**143**
8.1	Einleitung	143
8.2	Bags	144
8.2.1	Implementierung mittels Hash-Tabellen	144

8.2.2	Ein kleines Testprogramm	147
8.2.3	Eine speicherplatzoptimierte Implementation eines Bags	152
8.3	Sets	159
8.3.1	Implementierung mittels Hash-Tabellen	160
8.3.2	Speicherplatzoptimierte Implementierung eines Sets	162
8.3.3	Ein kleines Testprogramm	166
8.4	Anwendungen von Sets und Bags	168
8.4.1	Klassenstruktur zur Text-Analyse	169
8.4.2	Erstellen einer Häufigkeitsstatistik von Wörtern und Buchstaben in einem Text	178
8.4.3	Ermitteln aller verwendeten Wörter und Buchstaben in einem Text	183

Sachverzeichnis **187**

1 Einleitung

1.1 Motivation

Dieses Buch behandelt im wesentlichen verschiedene möglichst effiziente Such- und Sortierverfahren, die vollständig in Java implementiert worden sind. Diese Themen scheinen auf den ersten Blick vielleicht langweilig und belanglos zu sein, sie sind aber ein sehr wichtiges Teilgebiet der Informatik, und die Beherrschung solcher Algorithmen ist eine wesentliche Voraussetzung, um effiziente Programme für alle möglichen Aufgaben zu schreiben. Außerdem gibt es für Java bisher kaum Literatur zu diesem Thema.

Die in diesem Buch beschriebenen Verfahren sind gründlich erforscht und für einen weiten Aufgabenbereich einsetzbar. Viele Verfahren, wie zum Beispiel Quicksort, lassen sich auch nicht so eben mal "neu erfinden", da sie recht komplex und trickreich sind. Der Einsatz eines geeigneten Verfahrens kann in vielen Fällen die Akzeptanz eines Programms wesentlich beeinflussen: Ein einfaches Sortierverfahren benötigt zum Beispiel für das Sortieren von zehntausend Datensätzen etwa fünfzig Millionen (!) Schritte, was auch bei sehr schnellen Computern die Geduld des Anwenders überfordern dürfte. Hingegen benötig Quicksort für die gleiche Anzahl von Datensätzen nur etwa drei- bis vierhunderttausend Schritte, was maximal einige Sekunden dauert und dem Anwender ein flottes Weiterarbeiten ermöglicht.

Vielleicht wenden Sie jetzt ein, daß dies kein Problem ist, da ja die Rechner immer schneller werden - im nächsten Kapitel werden Sie erkennen, daß Sie damit falsch liegen. Wenn Sie größere Datenmengen bearbeiten müssen, hilft Ihnen auch der schnellste Rechner nicht aus der Patsche, wenn Sie einen schlechten Algorithmus ausgewählt haben. Auch eine Implementierung in C ("Ist viel schneller als Java") oder gar in Assembler ("Profis programmieren sowieso nur in Assembler") wird Ihnen dann nicht helfen. Eine gute Implementierung des Quicksort-Verfahrens in Visual Basic wird ab einer bestimmten Anzahl Datensätze

1 Einleitung

jeder noch so guten Assembler-Implementierung des Bubble-Sort-Verfahrens das Wasser abgraben! Falls Sie vorhaben, Quicksort in Assembler zu programmieren, sollten Sie sich erst einmal in Kapitel 5 die Java-Implementierung ansehen...

1.2 Zielsetzung dieses Buches

Eine Zielsetzung dieses Buches ist es, Ihnen leistungsfähige Such- und Sortierverfahren in Java zur Verfügung zu stellen. Darüber hinaus werden die Verfahren soweit erläutert, daß man die dahinterliegenden Ideen und Prinzipien verstehen kann. Außerdem lernen Sie Benchmarkprogramme kennen, mit denen sich die vorgestellten Verfahren evaluieren und vergleichen lassen. Nebenbei lernen Sie dabei einfache Techniken kennen, um Algorithmen zu visualisieren und ihre Laufzeit zu messen.

Nach der Lektüre dieses Buches sind Sie in der Lage, eine gegebene Problemstellung zu analysieren und das bestmögliche Verfahren für die Lösung auszuwählen. Außerdem lernen Sie, wie man Algorithmen grundsätzlich beurteilt. Zusammengefaßt: dieses Buch soll Sie dabei unterstützen, Ihre Programme schnell und professionell zu entwickeln. Selbstverständlich benötigen Sie dazu nicht nur Programme zum Sortieren und Suchen - werfen Sie daher auch einen Blick auf die anderen Bände dieser Buchreihe!

1.3 Aufbau des Buches

Nach diesen einleitenden Bemerkungen geht das nächste Kapitel auf die grundsätzlichen Eigenschaften von Algorithmen und ihrer Beurteilung ein. Dabei werden Themen wie Speicherplatz- und Rechenzeitbedarf von Algorithmen behandelt und es wird auch veranschaulicht, welche Eigenschaften ein Verfahren haben muß, damit es zur Bearbeitung großer Datenmengen geeignet ist.

Im Anschluß daran gehen wir in Kapitel 3 auf spezielle Probleme und Möglichkeiten der Java-Programmierung ein und beschreiben grundlegende Techniken, die in den folgenden Kapiteln verwendet werden.

Sortier- und Suchverfahren sind naturgemäß universell einsetzbare Verfahren und sollten daher mit jedem beliebigen Datentyp operieren können. Leider ist hier Java nicht so mächtig wie zum Beispiel C++, das für diesen Zweck sogenannte Templates zur Verfügung stellt, so daß wir uns mit gewissen Kompromissen abfinden müssen.

In Kapitel 4 steigen wir dann in das wichtige Thema "Sortieren" ein, wobei wir uns zuerst einmal mit einfachen und elementaren Sortierverfahren beschäftigen. Solche einfachen Verfahren sind nicht nur als Einführung interessant - es gibt durchaus Anwendungen, wo sie wesentlich ausgefeilteren Methoden überlegen sind.

In Kapitel 5 werden dann Hochleistungssortierverfahren vorgestellt: Heapsort und Quicksort. Mit Quicksort lassen sich auch die größten Datenmengen sehr schnell sortieren. Leider ist eine gute Quicksort-Implementierung relativ komplex, aber wir werden sie Schritt für Schritt realisieren, so daß das resultierende Gesamtprogramm verstanden werden kann. Heapsort ist ebenfalls sehr leistungsfähig und etwas einfacher zu implementieren. Dieses Verfahren ist etwas langsamer als Quicksort und ebenfalls recht trickreich und nicht ohne weiteres zu durchschauen.

In Kapitel 6 behandeln wir verschiedene Suchverfahren, mit denen man recht schnell einen bestimmten Datensatz aus einer mehr oder weniger umfangreichen Datei herausfischen kann. Wie wichtig solche Verfahren sind, kann jeder bestätigen, der häufiger eine Telefonnummer aus einem Telefonbuch heraussuchen muß.

Kapitel 7 beschäftigt sich mit sogenannten Hash-Tabellen. Dies sind spezielle Datenstrukturen, die das schnelle Einfügen und Wiederauffinden von Datensätzen ermöglichen. Unter bestimmten Voraussetzungen sind Hash-Tabellen jedem Suchverfahren beim Auffinden von Datensätzen überlegen.

In Kapitel 8 lernen wir spezielle Datenstrukturen kennen: Sets und Bags. Beide Datenstrukturen basieren auf Hash-Tabellen und haben interessante Eigenschaften. Sets haben die Eigenschaft, daß alle in ihnen gespeicherten Datensätze nur genau einmal gespeichert werden. Bags haben diese Eigenschaft ebenfalls, sie speichern jedoch zusätzlich die Information, wie oft ein bestimmter Datensatz in sie eingefügt wurde. Mit einem Bag kann man zum Beispiel sehr einfach ein kleines Programm realisieren, daß analysiert, wie oft jedes Wort in einem eingelesenen Text vorkommt.

2 Algorithmen, Rechenzeit- und Speicherplatzbedarf

2.1 Einleitung

In diesem Buch werden wir uns im wesentlichen mit der Auswahl und Implementierung effizienter Sortier- und Suchverfahren in Java beschäftigen. Ausgangspunkt für eine Implementierung ist dabei jeweils ein geeigneter Algorithmus. Algorithmen sind im Prinzip Verfahrensanweisungen, wie man eine bestimmte Aufgabe lösen kann. Mit der Entwicklung von effizienten Algorithmen - insbesondere Sortier- und Suchalgorithmen haben sich bereits schon viele intelligente Personen den Kopf hinreichend zerbrochen, so daß wir einfach die Ergebnisse dieser Bemühungen in diesem Buch verwenden können und uns voll und ganz auf die Implementierung konzentrieren können.

Trotzdem ist es nützlich, sich ein wenig mit einigen grundsätzlichen Aspekten von Algorithmen und ihrer Implementierung zu beschäftigen. Zu den wesentlichen Zielen bei der Entwicklung von Algorithmen gehört unter anderem die Minimierung des Rechenzeit- und Speicherplatzbedarfs. Anders ausgedrückt, möchte man die immer viel zu geringen Ressourcen eines Rechners möglichst effizient nutzen. Ein anderer, ebenfalls recht wichtiger Gesichtspunkt ist die effiziente Nutzung der knappen Programmiererressourcen, das heißt, die Implementierung eines Algorithmus sollte nicht allzu aufwendig sein. Andernfalls stehen Aufwand und Nutzen in keinem guten Verhältnis zueinander. In vielen Fällen wird ein bestimmtes Unterprogramm nur recht selten aufgerufen, und es lohnt sich daher nicht, mit viel Aufwand ein effizientes, aber komplexes Verfahren zu implementieren. Wird ein solches Unterprogramm jedoch sehr häufig aufgerufen und nimmt einen wesentlichen Teil der zur Verfügung stehenden Rechnerressourcen in Anspruch, so lohnt sich ein hoher Aufwand für die Implementierung schon eher. Man muß jedoch auch die Nutzungshäufigkeit des Gesamtprogramms in Betracht ziehen.

Wie man sieht, ist es oft keine leichte Aufgabe, einen geeigneten Algorithmus auszuwählen und zu implementieren. Die Aufgabe wird erleichtert, wenn man auf eine umfangreiche Bibliothek mit fertigen Algorithmen zurückgreifen kann. In diesem Fall kann man den besten Algorithmus auswählen, ohne daß zusätzlicher Implementierungsaufwand anfällt. Auf diesen Fall wollen wir uns hier beschränken, da es ein Ziel dieses Buches ist, Ihnen hochwertige Algorithmen zum Sortieren und Suchen zur Verfügung zu stellen.

2.2 Zeitbedarf von Algorithmen

Wie vergleicht man nun Algorithmen? Diese Frage ist nicht so einfach zu beantworten, und wir wollen uns im folgenden auf einen Aspekt beschränken, der praktisch alle Programmierer interessiert: den Zeitbedarf. Jeder Programmierer zieht einen schnelleren Algorithmus vor, und man möchte daher gerne wissen, welcher Algorithmus für eine bestimmte Aufgabenstellung der schnellste ist.

Eine Möglichkeit ist, die in Frage kommenden Verfahren eines nach dem anderen auszuprobieren und das schnellste auszuwählen. Abgesehen von dem relativ hohen Aufwand stellt sich die Frage, ob man auch die richtigen Testbeispiele gewählt hat. Zum Beispiel sind bei einer kleinen Anzahl von Daten einfache Sortierverfahren oft schneller als sehr leistungsfähige, aber komplexe Algorithmen. Bei sehr vielen Daten können aber einfache Verfahren oft gar nicht mehr eingesetzt werden, da sie zu langsam sind. Andererseits sind in der Praxis die zu sortierenden Daten aus vielen Gründen häufig nahezu sortiert, und es gibt Verfahren, die in diesem Fall besonders schnell sind.

Eine Möglichkeit, Algorithmen zu vergleichen besteht darin, einen mathematischen Zusammenhang zwischen der Laufzeit und der Anzahl der Daten für jeden Algorithmus zu bestimmen. Da die reale Laufzeit eines Programms von sehr vielen Faktoren abhängt, wie zum Beispiel dem konkretem Rechner, der Programmiersprache, dem Compiler und Compileroptionen, dem Betriebssystem usw., muß man einen etwas abstrakteren Laufzeitbegriff finden, der nicht so sehr von solch konkreten

Dingen abhängt. Das ein solches Vorgehen nicht unproblematisch ist, liegt auf der Hand, aber wir wollen solche Überlegungen zunächst einmal zurückstellen.

In der Informatik geht man daher so vor, daß man das Laufzeitverhalten eines Algorithmus in Abhängigkeit von der Anzahl N der Eingabedaten durch eine gründliche mathematische Analyse ermittelt. Eine solche Analyse ist für sehr viele grundlegende Algorithmen der Informatik durchgeführt worden und ihr Verhalten ist in der Regel sehr gut bekannt. Allerdings gibt es auch Algorithmen, für die eine solche Analyse bis heute nicht vollständig durchgeführt werden konnte. Außerdem ist für eine Reihe von Aufgabenstellungen nicht bekannt, ob es Algorithmen gibt, die ein wesentlich besseres Laufzeitverhalten aufweisen. Ein weiteres Problem ist, daß es Algorithmen gibt, von denen bekannt ist, daß sie im Worst-Case ein extrem schlechtes Verhalten aufweisen, in der Praxis jedoch immer extrem gut arbeiten. Das prominenteste Beispiel dafür ist der sogenannte Simplex-Algorithmus, der zur Lösung sogenannter linearer Optimierungsaufgaben verwendet wird.

Solche Laufzeitanalysen eignen sich daher zwar grundsätzlich zum Vergleich und zur Beurteilung von Algorithmen, aber ihre Aussagekraft ist grundsätzlich begrenzt. Bei den in diesem Buch vorgestellten Algorithmen werden wir daher neben den Ausgaben der mathematischen Analyse immer Benchmarktests durchführen. Auf diese Weise können Sie sich ein wesentlich besseres Bild bezüglich der verschiedenen Algorithmen machen.

Grundsätzlich wünscht man sich Algorithmen, deren Laufzeit unabhängig von der Anzahl der Eingabedaten ist. Dies ist leider nur bei sehr wenigen Algorithmen der Fall. Das nächstbeste Verhalten ist, wenn die Laufzeit eines Algorithmus von der Ordnung lg N ist. Ein solches Verhalten weist zum Beispiel die binäre Suche (siehe Kap. 7) auf. Nicht ganz so gut ist eine lineare Abhängigkeit von der Anzahl der Eingabedaten. Die lineare Suche (Kap. 7) ist ein Beispiel für einen solchen Algorithmus. Schon deutlich schlechter, aber immer noch akzeptabel sind Algorithmen, die ein Laufzeitverhalten mit der Ordnung N lg N aufweisen. Viele gute Sortierverfahren, wie Quicksort und Heapsort (siehe Kap. 5), weisen ein solches Verhalten auf. Mit solchen Verfahren lassen sich noch sehr große Datenmengen effizient verarbeiten.

2 Algorithmen, Rechenzeit- und Speicherplatzbedarf

Wesentlich ungünstiger sind Algorithmen, die eine Laufzeit von der Ordnung N^2 aufweisen, wie zum Beispiel einfache Sortierverfahren (z.B. Insertion-Sort, siehe Kap. 4). Mit solchen Verfahren lassen sich nur noch relativ kleine Datenmengen verarbeiten. Noch ungünstiger sind Verfahren mit einer Laufzeit proportional zu N^3 oder gar e^N. Damit Sie sich eine Vorstellung von den Auswirkungen machen können, gehen wir einmal davon aus, daß wir zehntausend Datensätze verarbeiten wollen. Wenn wir für die Verarbeitung eines Datensatzes exakt eine Mikrosekunde (ms) benötigen, so erhalten wir folgende Laufzeiten T(N) für die verschiedenen Algorithmenklassen:

- **O(N) = const.** T = 1 Mikrosekunde

- **O(N) = lg N.** T = 4 Mikrosekunden = 0,04 Millisekunden.

- **O(N) = N.** T = 10000 Mikrosekunden = 10 Millisekunden.

- **O(N) = N lg N.** T = 40000 Mikrosekunden = 40 Millisekunden.

- **O(N) = N^2.** T = 100.000.000 Mikrosekunden = 100 Sekunden (!).

- **O(N) = N^3.** T = 10000^3 Mikrosekunden = 1000.000 Sekunden (!!!!).

- **O(N) = e^N.** T = e^{10000} Mikrosekunden = Rechnen, bis in alle Ewigkeit.

Sie sehen, daß es sich lohnt, nach Algorithmen mit einem günstigen Laufzeitverhalten zu suchen. Dasselbe gilt natürlich auch für den Speicherplatzbedarf. Leider ist es so, daß diese beiden Ziele in der Regel miteinander in Konflikt stehen: Algorithmen mit sehr kurzen Laufzeiten haben in der Regel einen höheren Speicherpaltzbedarf. Ein gutes Beispiel dafür sind die binäre Suche und das Suchen mittels Hashing. Die binäre Suche hat eine Laufzeit proportional lg N und einen Speicherplatzbedarf von N. Hashing-Verfahren weisen eine annähernd konstante Laufzeit auf, wenn man etwa 1.3mal so viel Speicher verwendet, wie für die gesamten Datensätze.

3 Algorithmenimplementierung mit Java

3.1 Java und objektorientierte Programmierung

In diesem Kapitel beschäftigen wir uns mit speziellen Implementierungsfragen, die bei der Umsetzung von Algorithmen in Java auftreten. Java weist gegenüber C++ die Einschränkung auf, das es keine Templates zur Verfügung stellt, mit deren Hilfe man Algorithmen und Datenstrukturen datentypunabhängig implementieren kann. Dies bedeutet nicht, daß man keine datentypunabhängigen Algorithmen in Java implementieren kann. Allerdings muß man gegenüber C++ einige Abstriche hinsichtlich der Typsicherheit und der Performanz machen und zum Teil etwas mehr Gehirnschmalz investieren. Auf der anderen Seite sind Templates recht gewöhnungsbedürftig. Außerdem sind Programme, die ausgiebige Verwendung von Templates machen, ein gutes Stück größer als Programme, die ohne sie auskommen.

Java ist wie C++ oder Delphi eine objektorientierte Programmiersprache - mit einem kleinen Unterschied: Delphi und C++ sind sogenannte hybride Programmiersprachen, das heißt man kann mit ihnen objektorientiert oder klassisch prozedural programmieren. Java hingegen ist eine rein objektorientierte Programmiersprache und ähnelt in dieser (und nicht nur in dieser Hinsicht) mehr Smalltalk als C++.

Leider war man bei dem Entwurf von Java und den Java-Klassenbibliotheken nicht ganz so konsequent wie bei Smalltalk. So sind zum Beispiel alle arithmetischen Datentypen, wie *int* oder *double* leider keine Klassen, was dummerweise eine Menge Probleme mit sich bringt. Es gibt zwar Wrapper-Klassen, wie zum Beispiel die Klasse *Integer*, aber diese sind eher ein Witz, da sie keinerlei arithmetischen oder logischen Operationen anbieten. Leider fehlt in Java auch die Möglichkeit des Operator-Overloadings - mit der Begründung, daß dies selten und oft mißbräuchlich verwendet wird - nun ja, ich brauche auch selten eine Bohrmaschine, aber wenn man keine hat, vermißt man sie manchmal schmerzlich.

Zu dem AWT aus dem JDK 1.02 möcht ich eigentlich lieber überhaupt nichts sagen, aber leider mußte ich es bei einigen Testprogrammen verwenden. Ich habe schon eine Menge Klassenbibliotheken für Benutzungsoberflächen gesehen - gute und schlechte, aber das AWT spottet wirklich jeder Beschreibung. Mir ist wirklich schleierhaft, wie man so etwas ausliefern kann. Wundern Sie sich also nicht, wenn manche Testprogramme sich nicht so verhalten, wie sie sich verhalten sollten, aber ich habe leider keine Möglichkeit gesehen, sie richtig ans Laufen zu bekommen. Bei vielen hilft es, wenn Sie nach irgendwelchen Operationen das Fenster etwas größer machen...

3.2 Realisierung datentypunabhängiger Algorithmen in Java

Voraussetzung für die Implementierung datentypunabhängiger Such- und Sortieralgorithmen ist, daß alle Objekte, die bearbeitet werden sollen, von der allgemeinen Oberklasse *Objekt* abgeleitet werden. Dies bedeutet zunächst einmal, daß alle nachfolgend beschrieben Algorithmen nicht auf int-, long-, double, float-Arrays angewendet werden können. Statt dessen müssen die folgenden Wrapper-Klassen verwendet werden: *Integer, Long, Double, Float.*

Wie kann man nun erreichen, daß die nachfolgend beschriebenen Such- und Sortieralgorithmen mit beliebigen Objekten arbeiten? Dies ist relativ einfach zu bewerkstelligen. Such- und Sortieralgorithmen benötigen nur einen sehr kleinen Satz von bestimmten Methoden, um arbeiten zu können.

Sortieralgorithmen benötigen lediglich eine Methode: den Vergleichsoperator "<", um die Datensätze in eine bestimmte Ordnung zu bringen. Leider gibt es in der Oberklasse *Objekt* keine solche Methode, die man einfach überladen könnte. In C++ könnte man sich mittels Mehrfachvererbung aus dieser Verlegenheit helfen, in Java gibt es jedoch nur Einfachvererbung.

Da die Java-Erfinder solche Probleme ohne Rückgriff auf den problematischen Mechanismus der Mehrfachererbung lösen wollten, wurden die sogenannten *Interfaces* entwickelt. *Interfaces* sind im Prinzip leere abstrakte Module, die in den Klassen ausgefüllt werden, die diese Interfaces implementieren. *Interfaces* sind per definitionem abstrakt und können nicht instanziert werden. Sie dürfen keine nicht statischen Klassenattribute enthalten und sie müssen öffentlich zugänglich sein. Außerdem können sie nicht *final* sein und Interface-Methoden können nicht als *native*, *static*, *synchronized* oder *final* deklariert werden. Sie dürfen keinen Programmcode enthalten, da dieser vollständig in der implementierenden Klasse enthalten sein muß. Interfaces können jedoch genau wie Klassen voneinander erben.

Unser Problem mit dem Vergleichsoperator können wir nun wie folgt lösen. Wir definieren eine Interface-Klasse SortCondition wie folgt:

```
public interface SortCondition {
 public abstract isGreaterThan(Object o1, Object o2);
}
```

Wenn wir nun eine Sortiermethode programmieren, können wir dieses Interface zum Beispiel wir folgt benutzen (vgl. Kapitel 4ff):

```
public static void InsertionSort
   (SortCondition sc,Object a[], int n){
   int i,j;
   Object elem;
   for (i=1;i<n;i++){
      elem=a[i];
      j=i;
      while(sc.isGreaterThan(elem,a[j-1])) {
         a[j]=a[j-1];
         j=j-1;
         if(j==0) break;
      }
      a[j]=elem;
   }
}
```

Wenn wir nun ein Array mit Objekten sortieren wollen, so müssen wir für diese Objekte das Interface SortCondition implementieren. Wenn wir zum Beispiel Integerobjekte sortieren wollen, sieht dies zum Beispiel wie folgt aus (vlg. Kap. 4):

```
class IntegerSortBench implements SortCondition{
   Integer[] intarr;
   ...
   public boolean
      isGreaterThan(Object o1, Object o2) {
      Integer i1 = (Integer) o1;
      Integer i2 = (Integer) o2;
      return (i1.intValue() <i2.intValue());
}
```

Mit Hilfe von Interface-Klassen sind wir im folgenden in der Lage alle Algorithmen datentypunabhängig zu implementieren, so daß sie für beliebige Objekte einsetzbar sind.

4 Elementare Sortierverfahren

4.1 Einleitung

Nach den grundlegenden Ausführungen der ersten Kapitel wenden wir uns nun den mehr praktischen Dingen des Lebens zu. Eine immer wiederkehrende Aufgabe - vor allem beim Programmieren - ist es, eine mehr oder weniger große Anzahl von Elementen - oder ganz modern - Objekten nach irgendwelchen Kriterien zu sortieren. Bevor wir in diesem Kapitel auf einfache und elementare Sortierverfahren eingehen und im nächsten Kapitel dann einige besonders leistungsfähige Algorithmen vorstellen, sind einige allgemeine Bemerkungen hilfreich.

Vielleicht fragen Sie sich, warum wir überhaupt in diesem Kapitel auf einfache Sortierverfahren eingehen, wo doch jedem (?) bekannt ist, daß Quicksort der "beste und schnellste" Sortieralgorithmus ist. Zunächst einmal bieten die elementaren Sortierverfahren einen sehr guten Einstieg in das Thema Sortieren, bei dem man die Terminologie und die grundlegenden Eigenschaften von Sortieralgorithmen gut studieren kann. Zum anderen ist es keinesfalls richtig, daß Quicksort das "beste" Verfahren ist.

In diesem Zusammenhang muß ganz besonders betont werden, daß es im allgemeinen kein "bestes" Verfahren für die Lösung eines Problems gibt. In Abhängigkeit von der Aufgabenstellung und den Randbedingungen kann einmal ein Algorithmus A und ein anderes Mal der Algorithmus B "besser" sein. Die Kunst besteht darin, das am besten geeignete Verfahren für ein gegebenes Problem auszuwählen. Im allgemeinen unterscheiden sich verschiedene Algorithmen im Rechenzeit- und Speicherplatzbedarf zum Teil ganz erheblich. Auch die Eigenschaften im Worst-Case spielen oft eine Rolle - vor allem bei kritischen Echtzeitanwendungen. Ein anderer Gesichtspunkt, der nicht vernachlässigt werden darf, ist der Programmier- und Testaufwand, um einen bestimmten Algorithmus zu implementieren. Oft ist der Implementierungsaufwand für ein sehr leistungsfähiges Verfahren einfach nicht gerechtfertigt. Ein anderer Gesichtspunkt ist, wie groß der Anteil eines einzelnen Unterprogramms an der Laufzeit und dem Speicherplatzbedarf des Gesamtprogramms ist. Daher ein guter Rat: *Optimieren Sie nicht ohne triftigen Grund und vor allem erst dann, wenn Sie durch Messungen herausgefunden haben, wo die kritischen Stellen in Ihrem Programm sind!* In vielen Fällen kann man auch durch eine Vorabanalyse herausfinden, welchen Algorithmus man verwenden kann. Dabei wird Ihnen dieses Buch helfen. Leider trifft es oft zu, daß auch die zu verarbeitenden Daten einen starken Einfluß darauf haben, welches Verfahren besonders geeignet ist. Dies ist auch bei verschiedenen Sortierverfahren der Fall, wie wir noch sehen werden.

Nach diesen recht allgemein gehaltenen Anmerkungen wollen wir diese Ausführungen hinsichtlich Sortierverfahren noch etwas mehr konkretisieren, damit Sie sich eine etwas bessere Vorstellung machen können. Ganz allgemein sind die im folgenden Kapitel beschriebenen Sortierverfahren einfachen und elementaren Sortierverfahren nur dann überlegen, wenn man sehr viele Elemente (mehr als ein paar hundert) sortieren muß. Wenn man dagegen nur relativ wenig Elemente sortieren muß, können die in diesem Kapitel beschriebenen einfachen Sortierverfahren durchaus besser geeignet sein. Sie sind einfacher zu verstehen, zu programmieren und zu testen. Wenn Sie immer nur kleine Datensätze mit weniger als fünfzig Elemente sortieren müssen, sollten Sie ausschließlich elementare Sortierverfahren verwenden. In diesem Kapitel wird außerdem ein Verfahren beschrieben (Shell-Sort), das Sie ohne Bedenken auch für das Sortieren von Datensätzen mit einigen tausend Elementen verwenden können, da es recht schnell ist. Falls Ihre Daten nahezu oder gar vollständig sortiert sind, oder viele Elemente den gleichen Schlüssel enthalten, sind die einfachen, elementaren Verfahren ebenfalls wesentlich besser geeignet.

Die in diesem Kapitel vorgestellten elementaren Verfahren benötigen in der Regel für das Sortieren von N zufällig angeordneten Elementen etwa N^2 Schritte. Shell-Sort ist allerdings wesentlich schneller und wird für sehr viele Anwendungen bevorzugt eingesetzt. Falls die Daten nicht zufällig angeordnet sind, sind einige Algorithmen sogar wesentlich schneller als die komplizierten Algorithmen aus dem nächsten Kapitel.

4.2 Einige Bemerkungen zur Nomenklatur

Bevor wir uns konkret mit Sortieralgorithmen befassen, sind einige allgemeine Anmerkungen zu den üblichen Termini und den grundsätzlichen Voraussetzungen notwendig, damit Mißverständnisse vermieden werden.

Sortierverfahren haben die Aufgabe, *Dateien* (files) mit einer Menge von *Datensätzen* (records) zu sortieren. Die Datensätze enthalten *Schlüssel* (keys), die oft nur eine kleine Untermenge der Datensätze sind. Die Schlüssel werden dazu verwendet, das Sortierverfahren zu steuern: Aufgabe eines Sortierverfahrens ist es, die Datensätze so umzuordnen, daß ihre Schlüssel eine klar definierte Reihenfolge annehmen (üblicherweise in der numerischen oder alphabetischen Reihenfolge).

Man unterscheidet *interne* und *externe* Sortierverfahren. Wenn die zu sortierende Datei im Speicher untergebracht werden kann, das heißt, sie kann in einem Array gespeichert werden, so spricht man von einem *internen* Sortierverfahren. Erfolgt das Sortieren der Datei auf einer Magnetplatte oder auf einem Magnetband, spricht man von einem *externen* Sortierverfahren. Auf den ersten Blick scheint es keinen wesentlichen Unterschied zwischen beiden Verfahren zu geben, aber dieser Eindruck täuscht. Wenn ein Datensatz im Speicher verschoben werden soll, ist dies sehr schnell und einfach möglich. Bei einer Magnetplatte oder gar bei einem Magnetband ist dies eine sehr aufwendige Operation. Daher müssen beim externen Sortieren alle Operationen vermieden werden, die eine aufwendige Hin- und Herpositionierung erfordern. Daher trifft es im allgemeinen nicht zu, daß ein sehr effizientes internes Verfahren auch ein effizientes externes Verfahren liefert.

Externe Verfahren sind um einiges komplexer als interne Sortierverfahren. Da heute Hauptspeicher sehr preiswert ist und Betriebssysteme wie Unix, Windows NT, Windows 95 oder OS/2 außerdem über eine sehr effiziente virtuelle Speicherverwaltung verfügen, kann man heute problemlos Dateien mit vielen Millionen Elementen im Speicher sortieren (allerdings muß man dann die Verfahren aus dem nächsten Kapitel nehmen) - vor allem, wenn man zuerst einmal nur die Schlüssel lädt und diese alleine sortiert. In diesem Buch wollen wir uns im folgenden ausschließlich mit internen Sortierverfahren beschäftigen.

Die wichtigste Eigenschaft eines Sortieralgorithmus ist seine Laufzeit, die möglichst gering sein sollte. Bis auf ein Verfahren - Shell-Sort - benötigen alle Verfahren, die wir in diesem Kapitel betrachten, für das Sortieren von N Elementen eine Laufzeit, die proportional zu N^2 ist. Es versteht sich von selbst, daß man mit solchen Verfahren keine großen Dateien sortieren kann. Bei einer Million Datensätze benötigt man etwa eine Billion Schritte! Shell-Sort ist wesentlich besser - er hat eine Laufzeit, die proportional zu $N^{3/2}$ ist. Er benötigt für eine Million Datensätze somit etwa eine Milliarde Schritte, was immer noch erschreckend viel ist. Die Algorithmen aus dem nächsten Kapitel haben demgegenüber eine Laufzeit, die proportional zu $N \log_2 N$ ist. Für eine Million Datensätze ergeben sich somit größenordnungsmäßig zehn Millionen Schritte, was sehr viel besser ist. Diese Überlegenheit bei großen Datensätzen ist erdrückend, bei kleineren Datensätzen wandelt sich das Bild etwas. Bei Datensätzen bis zu einigen zehntausend Elementen ist Shell-Sort etwa genauso gut und bei sehr kleinen Datenmengen (einge zehn) kann jedes elementare Verfahren bedenkenlos verwendet werden. Ist die Datei bereits nahezu sortiert, ist zum Beispiel das elementare Insertionsortverfahren praktisch genausoschnell wie der Quicksort-Algorithmus (siehe nächstes Kapitel).

Ein weiterer wichtiger Gesichtspunkt ist der zusätzliche Speicherplatzbedarf eines Sortierverfahrens. Bei kleinen Datenmengen spielt dieser Punkt nur eine geringe Rolle, bei sehr großen Dateien sieht dies jedoch völlig anders aus. Man kann die Verfahren in drei Kategorien einteilen: solche, die am Ort sortieren und keinen zusätzlichen Speicherplatzbedarf benötigen (außer für einen kleinen Stapelspeicher oder eine kleine Tabelle); Verfahren, die mit einer verketteten Liste arbeiten und daher zusätzlich N Worte für die Speicherung der Listenzeiger benötigen sowie Verfahren, die soviel zusätzlichen Speicherplatz benötigen, um eine komplette Kopie des zu sortierenden Feldes speichern zu können.

Manchmal ist ein weiteres Kriterium in der Praxis von Bedeutung: die *Stabilität*. Ein Sortierverfahren ist *stabil*, wenn es die relative Reihenfolge gleicher Schlüssel in der Datei beibehält. Was bedeutet dies? Nun, stellen Sie sich eine Schulklasse vor. Sie haben eine Liste aller Schüler, die alphabetisch sortiert ist. Für jeden Schüler ist seine Note in Mathematik eingetragen. Wenn Sie nun diese Liste nach der Schulnote sortieren, wird die alphabetische Reihenfolge von den meisten Sortierverfahren vollständig zerstört. Bei einem stabilen Sortierverfahren sind jedoch die Namen der Kinder für eine bestimmte Mathematiknote weiterhin alphabetisch sortiert. Die meisten einfachen Sortierverfahren sind stabil, die meisten leistungsfähigen Sortierverfahren jedoch nicht. Bei Anwendungen, bei denen die Stabilität von Bedeutung ist, kann man sie erzwingen, indem vor dem Sortieren jeder Schlüssel in gewisser Weise verlängert wird, und auf diese Weise eindeutig gemacht wird.

Im folgenden werden wir alle Sortierverfahren anhand von Dateien, die ausschließlich ganze Zahlen enthalten, demonstrieren. Die angebenen Sortierprogramme können Sie jedoch leicht an andere Datensatzstrukturen anpassen. Damit die Sortierprogramme datentypunabhängig sind, werden wir nur Algorithmen implementieren, die auf Feldern von Objekten arbeiten. Dies bedeutet zum Beispiel, daß wir Dateien der Klasse *Integer* oder *Long* sortieren können, nicht jedoch Dateien mit den elementaren Datentypen *int* oder *long*. Wie bereits in Kapitel 3 ausführlicher dargestellt wurde, wird das jeweilige Sortierkriterium durch die Implementierung der Interface-Klasse *SortCondition*

```
public interface SortCondition{
   public abstract boolean
      isGreaterThan(Object obj1, Object obj2);
}
```

festgelegt. In Kapitel 3 ist ausgeführt, wie eine solche Implementierung zu erfolgen hat. In diesem Kapitel finden Sie außerdem eine Beispielimplementierung im Rahmen eines Benchmarkprogramms.

Grundsätzlich können Sortierverfahren den Zugriff auf die Datensätze auf zwei Arten realisieren: den direkten Zugriff auf die Datensätze, um diese zu bewegen, oder den Zugriff auf die Schlüssel zum Vergleich. Wenn die Datensätze sehr groß sind und daher ein Verschieben recht zeitaufwendig ist, empfiehlt sich folgendes Vorgehen: man kopiert alle Schlüssel zusammen mit dem Index des dazugehörenden Datensatzes in ein neues Feld, das man dann sortiert. Anschließend kann man dann die eigentlichen Datensätze entsprechend der Anordnung in diesem Hilfsfeld umordnen.

Eine letzte wichtige Bemerkung: bei allen folgenden Unterprogrammen wird das zu sortierende Feld als Parameter übergeben. Dabei wird angenommen, daß dieses Feld die Grenzen [0..N-1] hat. Als weiterer Parameter wird die Anzahl der zu sortierenden Elemente übergeben.

4.3 Insertion-Sort

Eines der einfachsten Sortierverfahren ist das sogenannte Insertion-Sort-Verfahren. Dieses Verfahren arbeitet wie folgt: betrachte die Elemente eins nach dem anderen und füge jedes Element an seinen richtigen Platz zwischen den bereits betrachteten ein. Diese bleiben dadurch sortiert. Um ein Element an einer Position einzufügen, müssen alle größeren Elemente um eine Position nach rechts bewegt werden. An der so frei werdenden Stelle kann nun das Element eingefügt werden.

Dieser Algorithmus läßt sich recht einfach in Java implementieren, wie die folgende Klasse *SortArray* mit der statischen Sortiermentode *InsertionSort* zeigt:

```java
import SortCondition;
public class SortArray{
   public static void
   InsertionSort(SortCondition sc, Object a[],
      int n){
      int i,j;
      Object elem;
      for (i=1;i<n;i++){
         elem=a[i];
         j=i;
         while(sc.isGreaterThan(elem,a[j-1])) {
            a[j]=a[j-1];
            j=j-1;
            if(j==0) break;
         }
         a[j]=elem;
      }
   }
}
```

Die Anzahl der zu sortierenden Daten wird über den Parameter n angegeben. Im allgemeinen wird dieser Wert gleich der Gesamtanzahl aller Daten im Feld a sein (n= a.length), aber manchmal will man nur einen Teil der Daten sortieren.

4.3 Insertion-Sort

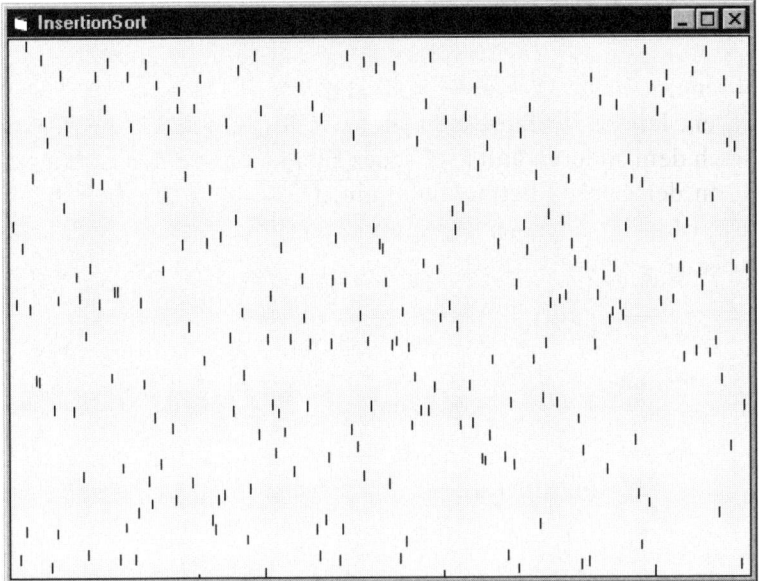

Abb. 4.1: Unsortiertes Feld mit 256 zufälligen Werten zwischen 0 und 256

Für jedes i von 1 bis N-1 wird das Unterfeld a[0..i-1] sortiert, indem alle größeren Elemente als *elem* nach rechts verschoben werden - dies erfolgt mit der While-Schleife dadurch, daß a[i] an die entsprechende Stelle zwischen den Elementen in dem sortierten Unterfeld links von ihm gesetzt wird.

Während der Sortierung sind alle Elemente links von i bereits sortiert, aber sie befinden sich noch nicht auf ihrer endgültigen Position, da sie möglicherweise noch bewegt werden, um für kleinere Elemente Platz zu machen. Die If-Abfrage in Verbindung mit der Break-Anweisung soll übrigens einen fehlerhaften Array-Zugriff mit dem Index minus Eins verhindern, falls das Element elem zufällig das kleinste Element im Feld ist. Bei dieser Methode sind die Schlüssel beliebige Objekte. Sehr oft sortiert man auch Dateien, wo Schlüssel und Datensätze identisch sind.

Die Abbildungen 4.1 bis 4.5 demonstrieren die Arbeitsweise von Insertion-Sort anhand eines Feldes mit 256 zufälligen Werten zwischen Null und 256. Jeder Wert wird durch einen senkrechten Strich visualisiert. Die x-Position entspricht der Position im zu sortierenden Feld und die y-Position entspricht dem Wert des (ganzzahligen) Schlüssels. Die Ab-

4 Elementare Sortierverfahren

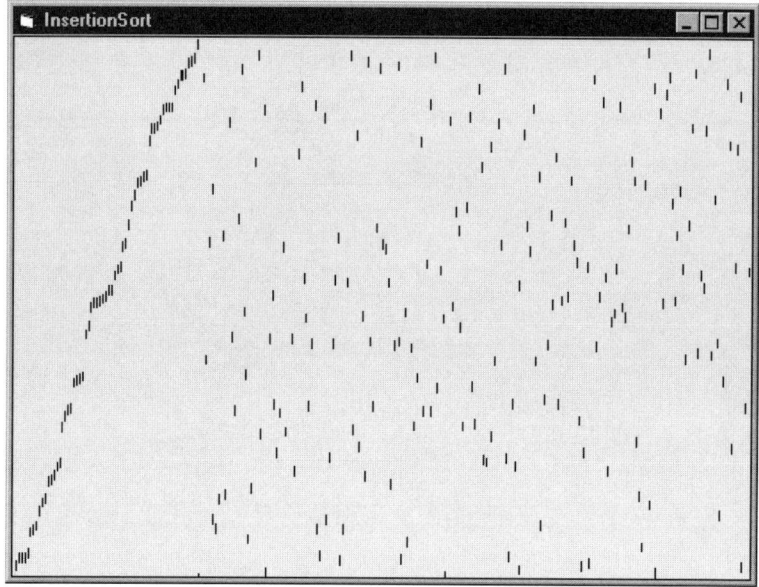

Abb. 4.2: Zustand des Feldes, nachdem Insertion-Sort zu 25% fertig ist.

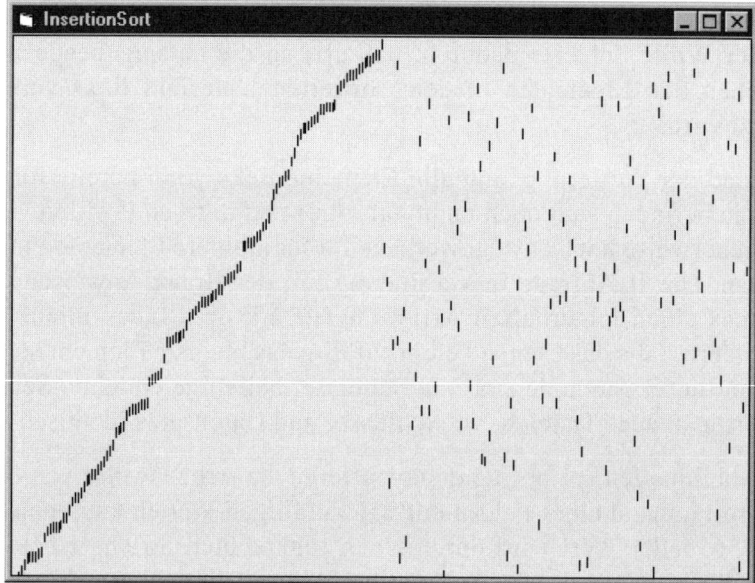

Abb. 4.3: Zustand des Feldes, nachdem Insertion-Sort zu 50% fertig ist.

4.3 Insertion-Sort

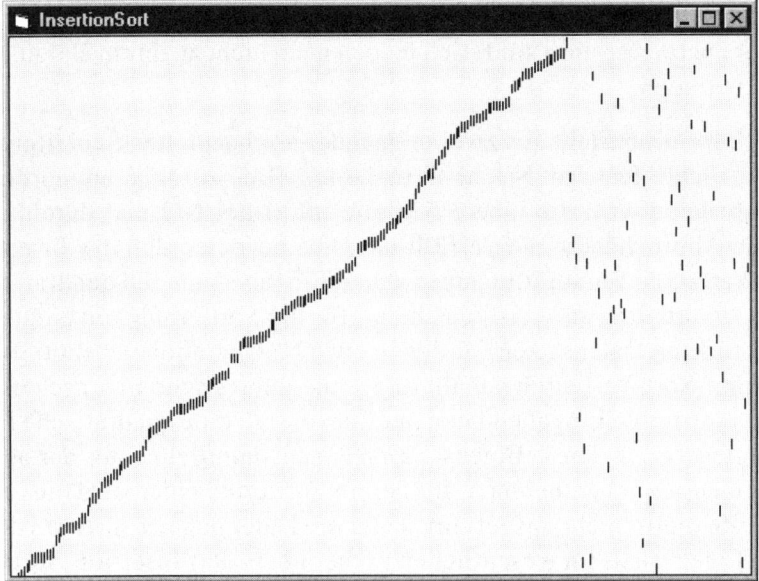

Abb. 4.4: Zustand des Feldes, nachdem Insertion-Sort zu 75% fertig ist.

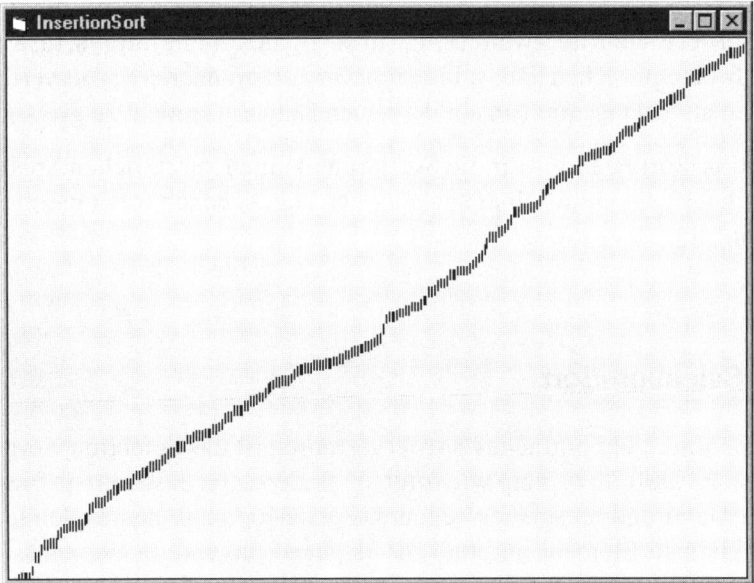

Abb. 4.5: Zustand des Feldes nach der Sortierung.

bildungen zeigen deutlich, daß zu jedem Zeitpunkt alle Werte bis zum Zeiger i bereits sortiert sind, sich jedoch noch nicht an ihrem endgültigen Platz befinden.

Insertion-Sort besteht aus zwei ineinandergeschachtelten Schleifen. Die äußere Schleife wird N-mal durchlaufen. Bei zufällig angeordneten Eingabedaten wird die innere Schleife im Mittel N/2-mal durchlaufen bis die Abbruchbedingung erfüllt ist. Dies bedeutet, daß das Insertion-Sort-Verfahren für zufällig angeordnete Eingabedaten ein quadratisches Laufzeitverhalten aufweist, das heißt, für die Sortierung von N zufällig angeordneten Datensätzen werden in etwa N^2 Operationen benötigt. Das Insertion-Sort-Verfahren hat allerdings die interessante Eigenschaft, bei bereits sortierten Eingabendaten nur lineare statt eine quadratische Laufzeit aufzuweisen. Diese Eigenschaft läßt sich unmittelbar aus der obigen Implementierung entnehmen: für bereits sortierte Felder wird die innere While-Schleife nicht ausgeführt. Falls die Datei nahezu sortiert ist, gilt diese Eigenschaft im wesentlichen immer noch. Das Insertion-Sort-Verfahren eignet sich daher sehr gut für Dateien, die bereits weitgehend sortiert sind. Wenn man zum Beispiel einer bereits sortierten Datei neue Datenelemente hinzufügen will, geht man am besten wir folgt vor. Im ersten Schritt fügt man die neuen Elemente an das Ende des Feldes an und sortiert dann im zweiten Schritt das ganze Feld mittels Insertion-Sort. In einem solchen Fall ist Insertion-Sort allen anderen Sortierverfahren überlegen - solange die Anzahl der neuen Datensätze nicht zu groß ist.

Insertion-Sort benötigt für die Sortierung keinen zusätzlichen Speicherplatz. Dies geht unmittelbar aus der oben angegebenen Implementierung hervor.

4.4 Selection-Sort

Ein ebenfalls sehr einfaches Sortierverfahren ist das Selection-Sort-Verfahren. Es läuft im Prinzip wie folgt ab: finde zuerst das kleinste Element in der Datei und tausche es gegen das erste Element aus; finde nun das zweitkleinste Element und tausche es gegen das zweite Element; fahre in dieser Weise fort, bis die ganze Datei sortiert ist. Da dieses Verfahren offensichtlich auf einem Auswählen des jeweils kleinsten Elements beruht, wird es Selection-Sort (Sortieren durch Auswählen) genannt.

4.4 Selection-Sort

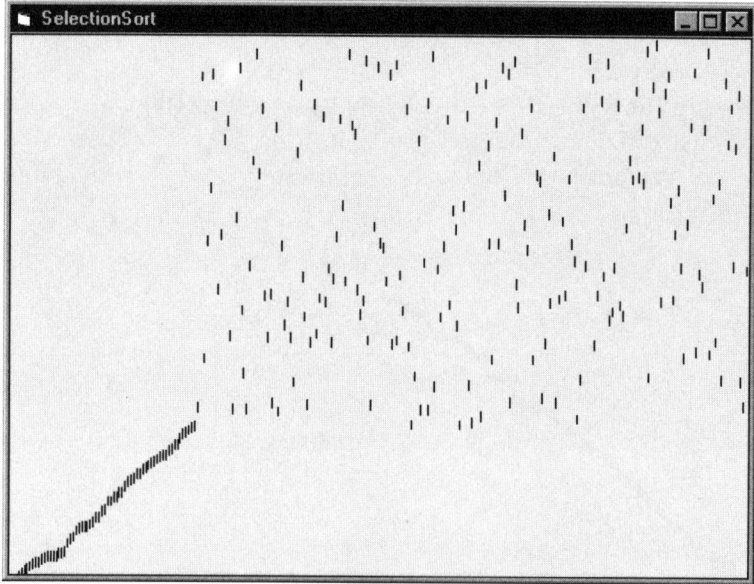

Abb. 4.6: Zustand des Feldes, nachdem Selection-Sort zu 25% fertig ist.

Eine Implementierung in Java ist recht einfach, wie die folgende statische Methode *SelectionSort* der Klasse *SortArray* zeigt:

```
public static void
SelectionSort(SortCondition sc, Object a[],
   int n){
   int i,j,min;
   Object elem;
   for (i=0;i<n-1;i++){
      min=i;
      for(j=i+1;j<a.length;j++){
         if(sc.isGreaterThan(a[j],a[min])) min=j;
      }
      elem=a[min];
      a[min]=a[i];
      a[i]=elem;
   }
}
```

4 Elementare Sortierverfahren

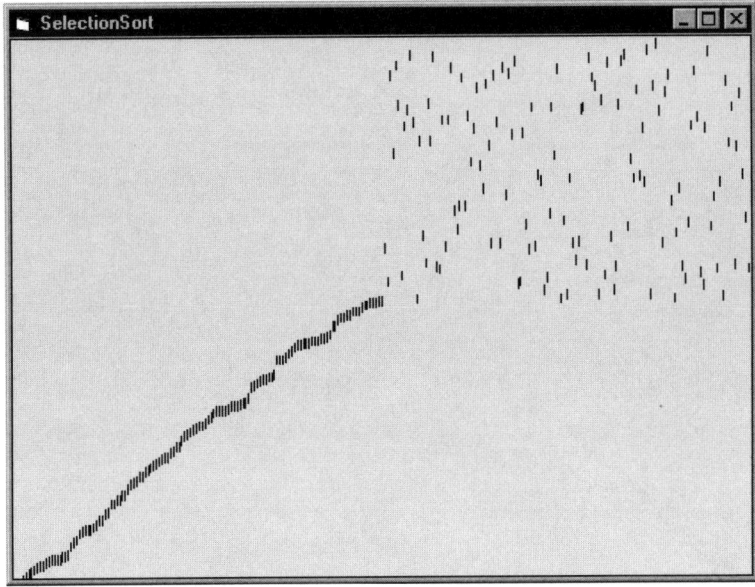

Abb. 4.7: Zustand des Feldes, nachdem Selection-Sort zu 50% fertig ist.

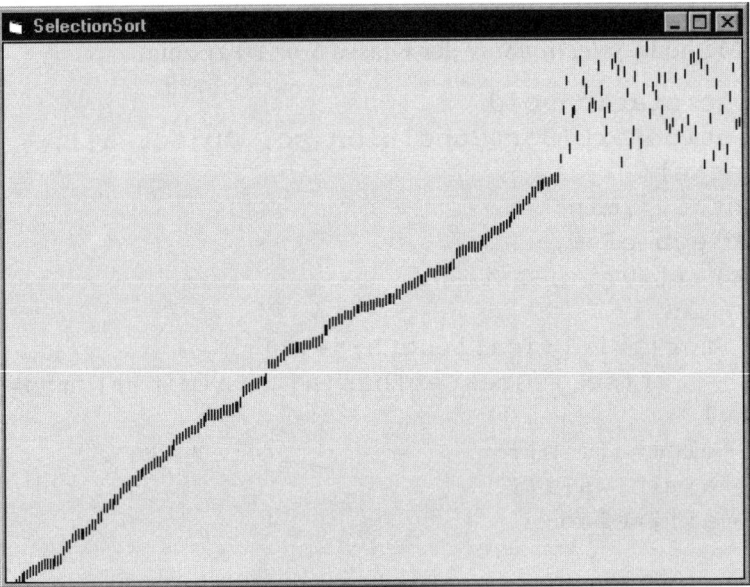

Abb. 4.8: Zustand des Feldes, nachdem Selection-Sort zu 75% fertig ist.

Diese Methode ist eine direkte Umsetzung des oben angedeuteten Algorithmus: für jedes Element i zwischen 0 bis N-2 wird das jeweils kleinste Element ermittelt (innere For-Schleife) und dieses dann mit dem Element i getauscht.

Dieses Sortierverfahren hat zwei besondere Eigenschaften: zum einen ist zu jedem Zeitpunkt während der Sortierung der Teil des Arrays zwischen dem ersten und dem i-ten Element bereits sortiert und jedes dort befindliche Element befindet sich bereits an seiner korrekten Position; zum anderen wird jedes Element nur einmal während der Sortierung bewegt. Diese letzte Eigenschaft ist vor allem dann von Interesse, wenn das Bewegen eines Datensatzes sehr zeitaufwendig ist. In diesem Fall arbeitet Selection Sort wesentlich effizienter als andere Sortieralgorithmen.

Die Abbildungen 4.6 bis 4.8 illustrieren die Arbeitsweise des Selection-Sort-Verfahrens. Der Ausgangs- und Endzustand der Sortierung wurden nicht dargestellt, da sie selbstverständlich mit den Abbildungen 4.1 und 4.5 übereinstimmen. Ein Vergleich der Abbildungen mit den Abbildungen 4.2 bis 4.5 (Insertion-Sort) macht den großen Unterschied zwischen dem Selection- und dem Insertion-Sort-Verfahren deutlich.

Eine einfache Analyse der obigen Implementierung des Selection-Sort-Verfahrens ergibt sofort, daß auch das Selection-Sort-Verfahren für zufällig sortierte Dateien ein quadratisches Laufzeitverhalten aufweist. Die Laufzeit ist im Gegensatz zu Insertion-Sort weitgehend unabhängig von der Ordnung der Eingabedaten.

Das Selection-Sort-Verfahren weist, wie bereits schon erwähnt, die für manche Anwendungen interessante Eigenschaft auf, daß jeder Datensatz während der Sortierung nur einmal bewegt wird. Wenn die Datensätze sehr groß sind und eine Bewegung daher sehr zeitaufwendig ist, eignet sich das Selection-Sort-Verfahren daher besonders gut. Falls ein Bewegen eines Datensatzes aufwendiger ist als die innere Schleife, die ausschließlich Vergleiche ausführt, so ist die Laufzeit von Selection Sort linear. Wir folgern somit:

Für Dateien mit großen Datensätzen und kleinen Schlüsseln hängt die Laufzeit von Selection Sort linear von der Anzahl der Datensätze ab. Für solche Dateien ist Selection Sort die bevorzugte Sortiermethode.

4.5 Bubble-Sort

Ein elementares Sortierverfahren, daß aus recht unerfindlichen Gründen relativ oft implementiert und eingesetzt wird, ist das Bubble-Sort-Verfahren. Es ist mit Abstand das schlechteste Sortierverfahren, da es für jede Art von Dateien am langsamsten ist. Das einzig Erwähnenswerte an Bubble-Sort ist sein Name. Ansonsten:

Am besten vergessen Sie Bubble-Sort sofort. Falls Sie Bubble-Sort bereits verwenden, löschen Sie das Programm und ersetzen es zumindestens durch Insertion-Sort oder Selection-Sort, oder noch besser durch eines der Algorithmen, auf die wir noch zu sprechen kommen. Bubble-Sort ist mit Abstand das langsamste Sortierverfahren und hat keinerlei Eigenschaften, die seinen Einsatz für irgendeine Aufgabenstellung rechtfertigen.

4.6 Shell-Sort

Alle bisher vorgestellten Verfahren weisen ein quadratisches Laufzeitverhalten auf, was sie für das Sortieren von großen Dateien mit vielen (mehr als hundert) Datensätzen in der Regel disqualifiziert. Shell-Sort ist eine Variante des Insertion-Sort-Verfahrens, die darauf abzielt, dessen Performanz wesentlich zu steigern.

Dabei geht man von der Überlegung aus, daß Insertion-Sort deswegen langsam ist, weil nur benachbarte Elemente gegeneinander ausgetauscht werden. Falls sich zum Beispiel ein sehr kleines Element am Ende der Datei befindet, werden annähernd N Schritte benötigt, um dieses Element auf eines der vorderen Plätze zu bewegen. Beim Shell-Sort-Verfahren wird eine Erhöhung der Geschwindigkeit nun dadurch erzielt, daß möglichst weit voneinander entfernte Elemente miteinander getauscht werden.

Die Grundidee ist dabei, das Feld so umzuordnen, daß man ein sortiertes Feld durch Entnahme jedes h-ten Elements erhalten könnte. Ein solches Feld wird *h-sortiert* genannt. Anders ausgedrückt besteht eine h-sortierte Datei aus h unabhängig sortierten Dateien, die miteinander vermischt sind. Wenn h groß ist, können Elemente über größere Entfernungen bewegt werden und damit das h-Sortieren für kleinere Werte von h

4.6 Shell-Sort

beträchtlich erleichtern. Wenn man diese Idee für eine beliebige Folge von h, die mit Eins endet, anwendet, erhält man eine sortierte Datei. Dieses Verfahren wird als Shell-Sort bezeichnet.

Die folgende statische Methode *ShellSort* der Klasse *SortArray* implementiert Shell-Sort:

```
public static void
ShellSort(SortCondition sc, Object a[],
   int n){
   int i,j,delta;
   Object elem;
   delta=1;
   do {
      delta=delta*3+1;
   }while (n >=delta);
   do {
      delta =delta /3;
      for(i=delta;i<n;i++){
         elem=a[i];
         j=i;
         while(sc.isGreaterThan(elem,a[j-delta]))
         {
            a[j]=a[j-delta];
            j=j-delta;
            if(j<delta) break;
         }
         a[j]=elem;
      }
   } while (delta >1);
}
```

Bei dieser Implementierung wird die Distanzenfolge ..., 1093, 364, 121, 40, 13, 4, 1 verwendet. Andere Folgen können ebenfalls verwendet werden, aber die angegebene Folge ist leicht zu implementieren und liefert gute Resultate. Welche Folge die besten Ergebnisse liefert, ist bis heute eine ungeklärte Frage, daß es wesentlich schlechtere Folgen als die angebene gibt, ist jedoch sicher.

4 Elementare Sortierverfahren

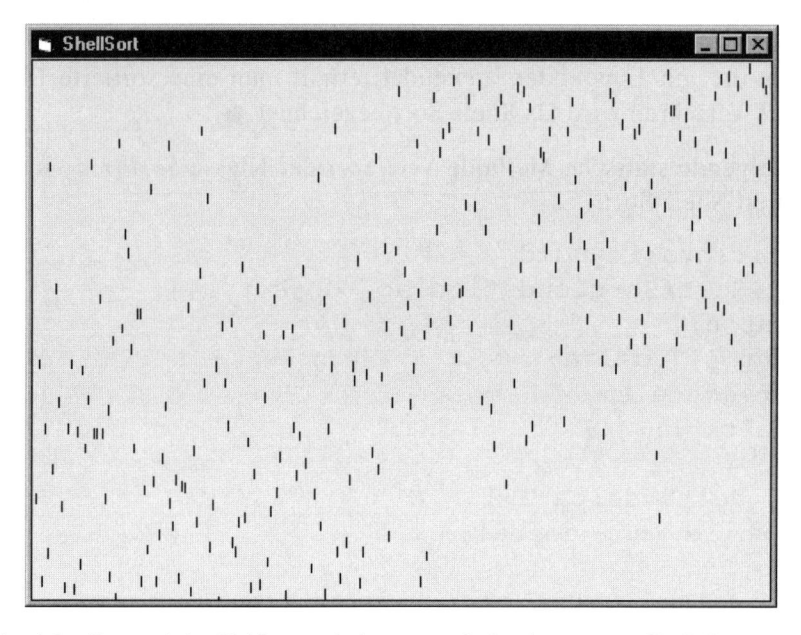

Abb. 4.9: Zustand des Feldes nach der ersten h-Sortierung von Shell-Sort.

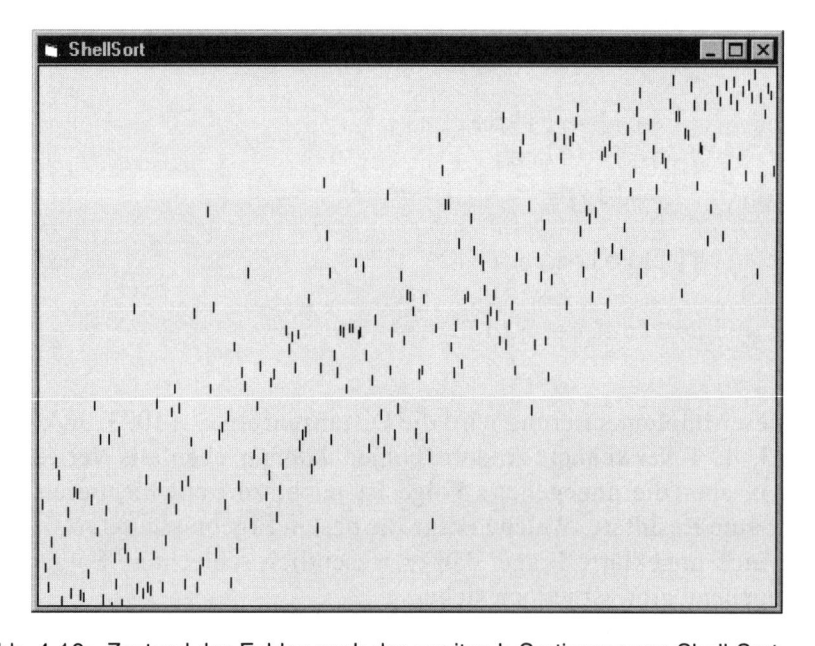

Abb. 4.10: Zustand des Feldes nach der zweiten h-Sortierung von Shell-Sort.

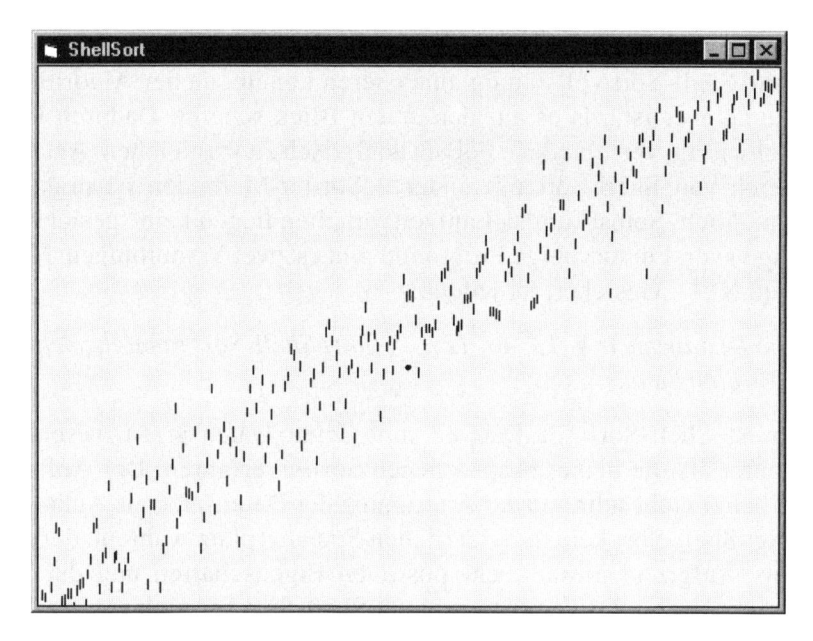

Abb. 4.11: Zustand des Feldes nach der dritten h-Sortierung von Shell-Sort.

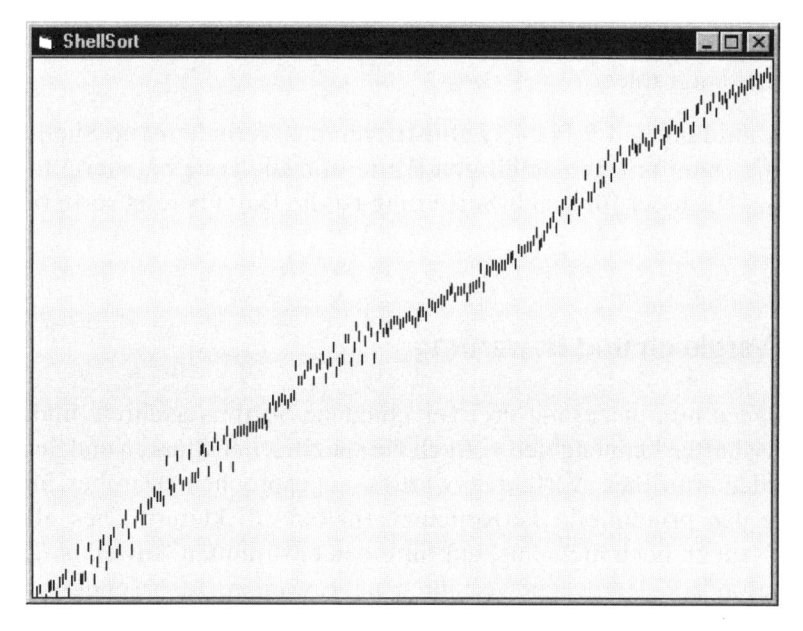

Abb. 4.12: Zustand des Feldes nach der vierten h-Sortierung von Shell-Sort.

Diese Aussagen sind recht vage. Der Grund dafür ist, daß bis heute noch niemand Shell-Sort vollständig analysieren konnte, da der Algorithmus viel komplexer ist, als es auf den ersten Blick scheint. Dadurch ist es sehr schwierig, verschiedene Folgen analytisch zu vergleichen. Auch ein Vergleich von Shell-Sort mit anderen Sortier-Methoden ist praktisch nicht möglich. Selbst für das Laufzeitverhalten liegen keine gesicherten Aussagen vor. Für das obige Programm gibt es zwei Vermutungen: $N(\log N)^2$ und $N^{1,25}$. Gesichert ist jedoch:

Für die Distanzen 1, 4, 13, 40, 121, ... führt Shell-Sort niemals mehr als $N^{3/2}$ Vergleiche aus.

Damit ist Shell-Sort für Dateien mit vielen Datensätzen wesentlich effizienter als die bisher besprochenen Sortierverfahren. Der Aufwand selbst hängt nicht sehr von der Anordnung der Datensätze ab. Außerdem benötigt Shell-Sort keinen zusätzlichen Speicherplatz während der Sortierung. Aufgrund dieser recht positiven Eigenschaften und der sehr einfachen, kurzen Implementierung ist Shell-Sort bei vielen Aufgabenstellungen das bevorzugt eingesetzte Sortierverfahren. Nur bei sehr großen Dateien (mehr als 5000 bis 10000 Datensätzen) sind die Verfahren aus dem nachfolgenden Kapitel wesentlich schneller. Bei Dateien mit bis zu einigen tausend Datensätzen ist Shell-Sort jedoch höchstens zweimal langsamer.

Die Abbildungen 4.9 bis 4.12 illustrieren das Verhalten von Shell-Sort für eine Datei mit 256 zufälligen Werten für die erste bis vierte h-Sortierung. Nach der fünften h-Sortierung ist die Datei bereits sortiert.

4.7 Vergleich und Bewertung

Wir haben nun insgesamt drei verschiedene Sortierverfahren und ihre Eigenschaften kennengelernt. Auch die spezifischen Stärken und Schwächen der einzelnen Verfahren wurden angesprochen. Darüber hinaus wurde das prinzipielle Performanzverhalten diskutiert. Dies alleine reicht jedoch noch nicht aus, um für einen bestimmten Anwendungsfall ein besonders geeignetes Verfahren auszuwählen. Insbesondere hätte man gerne konkrete Aussagen bezüglich des Performanzverhaltens.

4.7 Vergleich und Bewertung

Dazu ist es notwendig, verschiedene Testdatensätze mit den vorgestellten Sortierverfahren zu sortieren und die dazu benötigte Zeit zu messen. Es ist nicht besonders schwer, ein Programm zu schreiben, mit dem sich solche Sortierbenchmarks durchführen lassen.

Wir wollen im folgenden alle drei vorgestellten Sortierverfahren auf folgende Testfälle anwenden: Dateien mit zufällig angeordneten ganzen Zahlen; Dateien mit Ganzzahlen, die bereits richtig sortiert sind; Dateien mit zufällig angeordneten Strings und Dateien mit Strings, die bereits richtig sortiert sind. Die Anzahl der Daten variieren wir wie folgt: 64, 128, 256, 512 und 1024. Für die Benchmarktests für ganze Zahlen implementieren wir eine Klasse *IntegerSortBench* und für die Benchmarktest mit Strings eine Klasse *StringSortBench*.

Als erstes benötigen wir Methoden, die diese Testdatensätze erzeugen. Die folgende Methode der Klasse *IntegerSortBench* füllt ein Feld mit zufälligen ganzen Zahlen:

```
void rndInitSortArray(){
   Random rnd=new Random(1234);
   for(i=0;i<intarr.length;i++)
   {
      intarr[i]=new Integer((int)(intarr.length*
         rnd.nextDouble()));
   }
}
```

Die Neukonstruktion einer Instanz der Klasse *Random* sorgt dafür, daß bei jedem neuen Durchlauf immer wieder die gleichen Testdaten erzeugt werden. Dies ist notwendig, damit die Tests reproduzierbar sind.

Die folgende Methode der Klasse *IntegerSortBench* füllt ein Feld mit ganzen Zahlen so, daß es bereits sortiert ist:

```
void initSortArray(){
   for(i=0;i<intarr.length;i++){
      intarr[i]=new Integer(i);
   }
}
```

Nun ja - dies war nicht besonders schwer. Auch die beiden folgenden Methoden der Klasse *StringSortBench*, die ein Feld mit zufälligen Strings beziehungsweise mit sortierten Strings füllen, sind eher trivial:

4 Elementare Sortierverfahren

```
void rndInitSortArray(){
  Random rnd=new Random(1234);
  String str;
  for(i=0;i<strarr.length;i++){
     str=new String("Alle meine Entchen");
     strarr[i]=str+toString((int)
           (strarr.length*rnd.nextDouble()));
  }
}

void initSortArray(){
  String str;
  for(i=0;i<strarr.length;i++)
  {
     str=new String("Alle meine Entchen");
     strarr[i]=str+toString(i);
  }
}
```

Neben diesen Methoden benötigen wir noch einige Hilfsklassen für die Zeitmessung:

```
class StopUhr {
  long zeit;
  public void start() {
     zeit=System.currentTimeMillis();
  }
  public long stop() {
     zeit=System.currentTimeMillis()-zeit;
     return zeit;
  }
}
```

und die Ausgabe eines Strings:

```
class Anzeige{
  public static void println(String str)  {
     System.out.println(str);
  }
}
```

4.7 Vergleich und Bewertung

Die beiden Klassen IntegerSortBench und StringSortBench enhalten außerdem eine Hilfsmethode *toString*, die einen Long-Wert in einen String umwandelt. Dabei wird die Zahl rechtsbündig formatiert:

```
public String toString(long val){
   String str1=Long.toString(val);
   String str=new String();
   int i;
   for (i=0; i<7-str1.length();i++) str=str+" ";
   return str+str1;
}
```

Neben dieser Methode enthalten die beiden Klassen noch eine Reihe weiterer Methoden, die die eigentlichen Benchmarktests durchführen. Da beide Klassen sehr ähnlich sind, ist die Wiedergabe der Klasse IntegerSortBench ausreichend:

```
class IntegerSortBench implements
   SortCondition{
   Integer[] intarr;
   int i;
   String outStr;

   public String toString(long val){
      ...
   }

   void rndInitSortArray(){
      ...
   }

   void initSortArray(){
      ...
   }

   void insertionSortBench() {
      StopUhr zeit= new StopUhr();
      zeit.start();
      SortArray.InsertionSort(this,
              (Object[]) intarr,intarr.length);
      outStr=outStr+toString(zeit.stop())
```

4 Elementare Sortierverfahren

```
            +" ms\t\t";
   }

   void selectionSortBench(){
      StopUhr zeit= new StopUhr();
      zeit.start();
      SortArray.SelectionSort(this,
            (Object[]) intarr,intarr.length);
      outStr=outStr+toString(zeit.stop())
            +" ms\t\t";
   }

   void shellSortBench() {
      StopUhr zeit= new StopUhr();
      zeit.start();
      SortArray.ShellSort(this,
            (Object[]) intarr,intarr.length);
      outStr=outStr+toString(zeit.stop())+" ms";
   }

   public void bench() {
      int i;
      int anz=32;
      outStr=new String();
      outStr="\t\t\t\t ----Integer zufällig----";
      Anzeige.println(outStr);
      outStr="";
      anz=32;
      for (i=0;i<5;i++) {
         anz=anz*2;
         outStr=outStr+"N: "+toString(anz)+"\t";
         intarr=new Integer[anz];
         rndInitSortArray();
         insertionSortBench();
         rndInitSortArray();
         selectionSortBench();
         rndInitSortArray();
         shellSortBench();
         Anzeige.println(outStr);
         outStr="";
```

4.7 Vergleich und Bewertung

```
      }
      outStr="\t\t\t\t ----Integer sortiert----";
      Anzeige.println(outStr);
      outStr="";
      anz=32;
      for (i=0;i<5;i++) {
         anz=anz*2;
         outStr=outStr+"N: "+toString(anz)+"\t";
         intarr=new Integer[anz];
         initSortArray();
         insertionSortBench();
         initSortArray();
         selectionSortBench();
         initSortArray();
         shellSortBench();
         Anzeige.println(outStr);
         outStr="";
      }
   }

   public boolean
      isGreaterThan(Object o1, Object o2) {
      Integer i1 = (Integer) o1;
      Integer i2 = (Integer) o2;
      return (i1.intValue() <i2.intValue());
   }
}
```

Diese Klasse *IntegerSortTest* enthält eine Reihe von Methoden. Die Methoden *toString*, *rndInitSortArray* und *initSortArray* wurden schon weiter oben beschrieben. Die Klasse *IntegerSortTest* muß das Interface *SortCondition* implementieren, dies erfolgt mit der Methode *isGreaterThan*. Die übergebenen Instanzen *o1* und *o2* der Klasse *Object* werden dabei auf die Klasse *Integer* gecastet und die Ganzzahlwerte, die mit der Methode *intValue* ausgelesen werden, miteinander verglichen. Das Testergebnis wird dann zurückgegeben.

Die eigentlichen Benchmarktests werden mittels der Methoden *insertionSortBench*, *selectionSortBench*, *shellSortBench* und *bench* durchgeführt. Die drei Methoden *insertionSortBench*, *selectionSortBench*, und *shellSortBench* sind praktisch identisch aufgebaut und unterscheiden sich nur durch den Aufruf der jeweiligen Sortiermethode der Klasse *SortArray*. In jeder dieser drei Methoden wird eine Instanz der Klasse *Stopuhr* verwendet, um die Zeit für einen Sortierlauf zu ermitteln.

Die Methode *bench* ist die eigentliche Benchmarktest-Methode. Hier wird das Feld *intarr* (eine Instanzvariable der Klasse *IntegerSortBench*) konstruiert und dann mittels der Methoden *rndInitSortArray* bzw. *initSortArray* mit Werten gefüllt. Die Größe des Felder wird dabei zwischen 32 und 1024 innerhalb einer Schleife in Zweierpotenzschritten variiert. In dieser Schleife wird das Feld jeweils mit Werten initialisiert, eine Sortiermethode aufgerufen und das Ergebnis der Zeitmessung in einem String festgehalten. Wenn alle drei Sortiermethoden durchlaufen wurden, wird der String ausgegeben und wieder mit dem Leerstring initialisiert.

Die Klasse *StringSortBench* ist analog aufgebaut und wird daher hier nicht wiedergegeben. Nun fehlt nur noch das steuernde Hauptprogramm. Dies befindet sich in der Klasse *SortBench*

```
public class SortBench {
   IntegerSortBench intSortTest;
   StringSortBench stringSortTest;
   SortBench() {
      intSortTest= new IntegerSortBench();
      stringSortTest= new StringSortBench();
   }
   public void bench(){
      String outStr=new String();
      Anzeige.println("");
      outStr=outStr+"\t\tInsertion-Sort \t\t"+
            "Selection-Sort \t\t" +"Shell-Sort";
      Anzeige.println(outStr);
      Anzeige.println("");
      intSortTest.bench();
      stringSortTest.bench();
   }
   public static void main(String argv[]){
      SortBench sortbench=new SortBench();
      sortbench.bench();
   }
}
```

4.7 Vergleich und Bewertung

```
C:\javaprog>java SortBench
                    Insertion-Sort          Selection-Sort          Shell-Sort
                            -----Integer zufällig-----
N:    64              770 ms                  110 ms                  60 ms
N:   128              280 ms                  440 ms                  60 ms
N:   256             1090 ms                 1810 ms                 170 ms
N:   512             4560 ms                 7310 ms                 440 ms
N:  1024            18180 ms                32290 ms                1100 ms
                            -----Integer sortiert-----
N:    64               50 ms                  170 ms                  50 ms
N:   128               50 ms                  440 ms                   0 ms
N:   256               50 ms                 1810 ms                  50 ms
N:   512              110 ms                 7310 ms                 170 ms
N:  1024              110 ms                30980 ms                 440 ms
                            -----Strings zufällig-----
N:    64              600 ms                  990 ms                 220 ms
N:   128             2030 ms                 3840 ms                 440 ms
N:   256             7800 ms                16810 ms                1430 ms
N:   512            35150 ms                66680 ms                3350 ms
N:  1024           136540 ms               267880 ms                7740 ms
                            -----Strings sortiert-----
N:    64               60 ms                  990 ms                 110 ms
N:   128              110 ms                 3900 ms                 220 ms
N:   256              170 ms                15870 ms                 610 ms
N:   512              280 ms                66070 ms                1370 ms
N:  1024              550 ms               265180 ms                3020 ms
```

Abb. 4.13: Verschiedene Benchmarkergebnisse für elementare Sortierverfahren mit dem Java-Interpreter des JDK 1.02 auf einem 80486er.

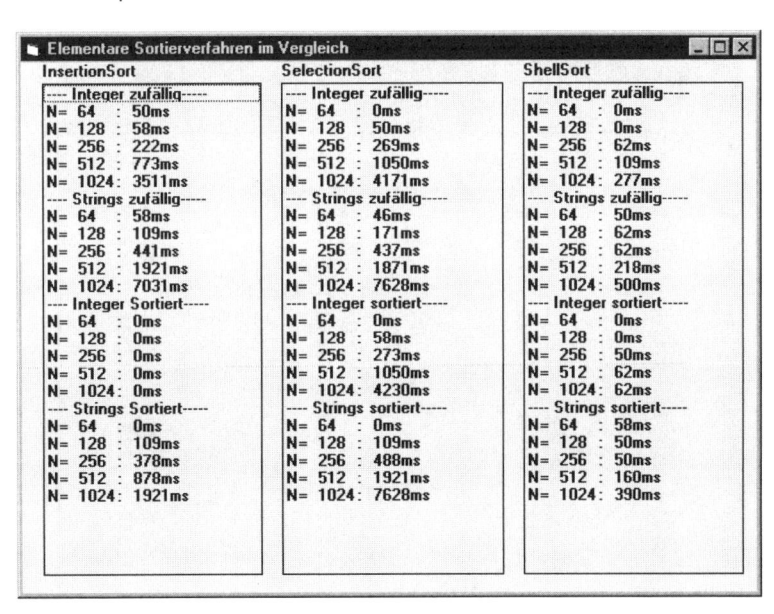

```
Elementare Sortierverfahren im Vergleich
InsertionSort              SelectionSort              ShellSort
---- Integer zufällig----  ---- Integer zufällig----  ---- Integer zufällig----
N=   64  : 50ms            N=   64  : 0ms             N=   64  : 0ms
N=  128  : 58ms            N=  128  : 50ms            N=  128  : 0ms
N=  256  : 222ms           N=  256  : 269ms           N=  256  : 62ms
N=  512  : 773ms           N=  512  : 1050ms          N=  512  : 109ms
N= 1024  : 3511ms          N= 1024  : 4171ms          N= 1024  : 277ms
---- Strings zufällig----  ---- Strings zufällig----  ---- Strings zufällig----
N=   64  : 58ms            N=   64  : 46ms            N=   64  : 50ms
N=  128  : 109ms           N=  128  : 171ms           N=  128  : 62ms
N=  256  : 441ms           N=  256  : 437ms           N=  256  : 62ms
N=  512  : 1921ms          N=  512  : 1871ms          N=  512  : 218ms
N= 1024  : 7031ms          N= 1024  : 7628ms          N= 1024  : 500ms
---- Integer Sortiert----  ---- Integer sortiert----  ---- Integer sortiert----
N=   64  : 0ms             N=   64  : 0ms             N=   64  : 0ms
N=  128  : 0ms             N=  128  : 58ms            N=  128  : 0ms
N=  256  : 0ms             N=  256  : 273ms           N=  256  : 50ms
N=  512  : 0ms             N=  512  : 1050ms          N=  512  : 62ms
N= 1024  : 0ms             N= 1024  : 4230ms          N= 1024  : 62ms
---- Strings Sortiert----  ---- Strings sortiert----  ---- Strings sortiert----
N=   64  : 0ms             N=   64  : 0ms             N=   64  : 58ms
N=  128  : 109ms           N=  128  : 109ms           N=  128  : 50ms
N=  256  : 378ms           N=  256  : 488ms           N=  256  : 50ms
N=  512  : 878ms           N=  512  : 1921ms          N=  512  : 160ms
N= 1024  : 1921ms          N= 1024  : 7628ms          N= 1024  : 390ms
```

Abb. 4.14 Verschiedene Benchmarkergebnisse für elementare Sortierverfahren mit Visual Basic 3.0 auf dem gleichen Rechner.

4 Elementare Sortierverfahren

```
MS-DOS Prompt                                              _ 🗗 ×
 6 x 8 ▼  [ ] 📋 📄 ⊞ 📁 🖨 A
java SortBench
                 Insertion-Sort      Selection-Sort       Shell-Sort
                            -----Integer zufällig-----
N:    64             17 ms              26 ms                 7 ms
N:   128             59 ms              98 ms                14 ms
N:   256            222 ms             393 ms                39 ms
N:   512            948 ms            1562 ms                89 ms
N:  1024           3685 ms            6367 ms               213 ms
                            -----Integer sortiert-----
N:    64              1 ms              24 ms                 3 ms
N:   128              2 ms              98 ms                 7 ms
N:   256              4 ms             391 ms                16 ms
N:   512              8 ms            1629 ms                51 ms
N:  1024             15 ms            6911 ms               135 ms
                            -----Strings zufällig-----
N:    64            102 ms             200 ms                43 ms
N:   128            407 ms             794 ms                97 ms
N:   256           1578 ms            3271 ms               265 ms
N:   512           6672 ms           16288 ms               666 ms
N:  1024          47976 ms           64903 ms              1447 ms
                            -----Strings sortiert-----
N:    64              6 ms             199 ms                19 ms
N:   128             13 ms             803 ms                46 ms
N:   256             28 ms            3146 ms               113 ms
N:   512             52 ms           13880 ms               323 ms
N:  1024            106 ms           51123 ms               566 ms
```

Abb. 4.15: Verschiedene Benchmarkergebnisse für elementare Sortierverfahren mit dem Java-Intepreter von IBM auf einer AIX-Workstation.

```
MS-DOS Prompt                                              _ 🗗 ×
 6 x 8 ▼  [ ] 📋 📄 ⊞ 📁 🖨 A
java SortBench
                 Insertion-Sort      Selection-Sort       Shell-Sort
                            -----Integer zufällig-----
N:    64             11 ms              10 ms                 4 ms
N:   128             18 ms              31 ms                 5 ms
N:   256             65 ms             115 ms                11 ms
N:   512            277 ms             453 ms                28 ms
N:  1024           1085 ms            1875 ms                62 ms
                            -----Integer sortiert-----
N:    64              1 ms               7 ms                 1 ms
N:   128              0 ms              28 ms                 3 ms
N:   256              2 ms             113 ms                 5 ms
N:   512              3 ms             454 ms                11 ms
N:  1024              5 ms            1839 ms                25 ms
                            -----Strings zufällig-----
N:    64             21 ms              37 ms                 8 ms
N:   128             75 ms             151 ms                18 ms
N:   256            305 ms             610 ms                52 ms
N:   512           1312 ms            2455 ms               125 ms
N:  1024           5208 ms           11714 ms               321 ms
                            -----Strings sortiert-----
N:    64              2 ms              39 ms                 5 ms
N:   128              4 ms             172 ms                12 ms
N:   256              5 ms             662 ms                26 ms
N:   512             11 ms            2431 ms                52 ms
N:  1024             22 ms            9871 ms               118 ms
C:\javaprog>
```

Abb. 4.16: Verschiedene Benchmarkergebnisse für elementare Sortierverfahren mit einem Java-Interpreter mit JIT-Compiler auf dem gleichen Rechner wir Abb. 4.15.

Hier wird jeweils eine Instanz der Klasse *IntegerSortBench* bzw. *StringSortBench* erzeugt und die Methode *bench* aufgerufen. Die Abbildung 4.13 zeigt die Ausgabe des Programms auf einem 486er-Rechner bei Einsatz des Java-Interpreters des JDK 1.02. Der erste - etwas erschreckende Eindruck ist, daß die Sortierzeiten - vor allem für Strings - sehr hoch sind. Selbst mit dem Shell-Sort-Verfahren sind die Zeiten recht hoch. Man ist versucht, die schlechte Performanz auf die Sortieralgorithmen selbst zurückzuführen. Bild 4.14 zeigt daher zum Vergleich die Sortierzeiten auf dem gleichen Rechner mit den gleichen Algorithmen mit Visual basic 3.0. Dieser Vergleich zeigt deutlich, daß die hohen Ausführungszeiten auf den Java-Interpreter selbst zurückzuführen sind. Insbesondere die schleche Performanz bei dem Sortieren von Strings mittels Insertion-Sort oder Selection-Sort im Vergleich zu Visual Basic 3.0 ist erschreckend. Teilweise ist Visual Basic bis zu dreißigmal schneller als der Java-Interpreter. In den meisten Fällen ist er etwa fünfmal schneller. Dies ist recht überraschend, da Visual Basic intern mit einer Art P-Code-Interpreter arbeitet und somit in etwa vergleichbare Verhältnisse wie bei dem Java-Interpreter vorliegen. Außerdem ist Visual-Basic 3.0 ein 16-Bit-Programm, während der Java-Interpreter ein 32-Bit-Programm ist.

Etwas günstiger gestalten sich die Verhältnisse, wenn ein Java-Interpreter mit Just-In-Time-Compiler (JIT-Compiler) eingesetzt wird. Ein solcher Interpreter übersetzt vor dem eigentlichen Programmstart den Interpreter-Code in Maschinencode und führt diesen dann aus. Da eine solche Compilation möglichst schnell gehen soll, sind natürlich keine weitreichenden Optimierungen möglich, so daß sich der Gewinn in Grenzen hält.

Da ich über keinen entsprechenden Stand-Alone-Interpreter für meine Windows-PCs verfüge (und mir das Schreiben eines Applets für die Internet-Browser von Microsoft bzw. Netscape für einen Benchmarktest zu aufwendig erschien) habe ich das gleiche Programm unter AIX mit dem Java-Interpreter von IBM laufen lassen. Die Abbildung 4.15 zeigt die Benchmarkergebnisse ohne JIT-Compilation. Obwohl die AIX-Workstation wesentlich schneller als ein 486-Prozessor ist, ist Visual-Basic 3.0 auf einem 486er mindestens genauso schnell - bei Strings sogar wesentlich schneller. Deutlich besser werden die Ergebnisse für Java, wenn die JIT-Compilation aktiviert wird, Abb. 4.16. Die Geschwindigkeit erhöht sich etwa um den Faktor Fünf. Damit ist Java nun auf der AIX-Workstation bei Strings etwa so schnell wie Visual Basic 3.0 auf einem 486er-PC und etwa zwei- bis dreimal schneller bei der Sortierung von ganzen Zahlen. Dabei muß jedoch berücksichtigt werden, daß die

AIX-Workstation eine vier- bis fünfmal höhere Prozessorleistung aufweist. Damit ist Java trotz JIT-Compilation Visual Basic an Geschwindigkeit bestenfalls ebenbürtig.

Man könnte argumentieren, daß dieser Vergleich nicht ganz fair ist, da Java objektorientiert ist und Visual Basic nicht. Ich habe einige Sortieralgorithmen auch in Smalltalk implementiert und einige Benchmarktests mit dem Smalltalk-Systemen der Firma Digitalk durchgeführt. Die ziemlich alte 16-Bit-Version 2.0 ist nur geringfügig langsamer als Visual Basic 3.0 und die aktuelle 32-Bit-Version etwa doppelt so schnell. Da Smalltalk praktisch die gleiche Technik der Just-In-Time-Compilation wie Java verwendet, kann man nur konstatieren, daß bei Java noch einiges hinsichtlich Performanz verbessert werden muß. Ein Vergleich mit einer template-basierten Implementierung in C++ wollen wir hier lieber erst gar nicht versuchen.

Diese Ergebnisse zeigen deutlich, daß Java auf absehbare Zeit nicht für High-Performance-Server-Applikationen eingesetzt werden kann. Dazu müssen entweder Compiler für Java zur Verfügung stehen, die direkt hochoptimierten Maschinencode erzeugen oder die JIT-Compilationstechnik muß noch gewaltig verbessert werden. Sun schlägt statt dessen spezielle Java-Prozessoren vor - zumindestens Intel wird davon nicht begeistert sein. Ob solche Chips in PCs einziehen werden, ist jedoch zumindestens fraglich. Außerdem drängt sich in diesem Zusammenhang der Verdacht auf, daß Java absichtlich so langsam ist, damit Sun jede Menge Java-Chips verkaufen kann... - ob Java auf solchen Java-Chips allerdings sehr viel schneller als auf einem Pentium mit gutem JIT-Compiler ist?

Allerdings sollte man bedenken, daß diese Ergebnisse eher Schnappschußaufnahmen der aufgenblicklichen (Mai 1997) verfügbaren JIT-Compilertechnlogie sind, als Aussagen bezüglich der Leistungsfähigkeit von Java selbst. Mit weiteren Verbesserungen der JIT-Compiler ist zu rechnen und auch Native-Code-Compiler dürfte es sicher bald geben. Damit wird sich die Ablaufgeschwindigkeit in Richtung von C- oder C++-Programmen bewegen. Ob allerdings die Geschwindigkeit von C++-Programmen in allen Fällen erreicht wird, muß zumindestens bezweifelt werden, da C++ immerhin Templates und Inline-Funktionen kennt, die in bestimmten Fällen sehr gute Optimierungen ermöglichen. Aber vielleicht unterstützt Java ja in Zukunft auch Templates?

4.7 Vergleich und Bewertung

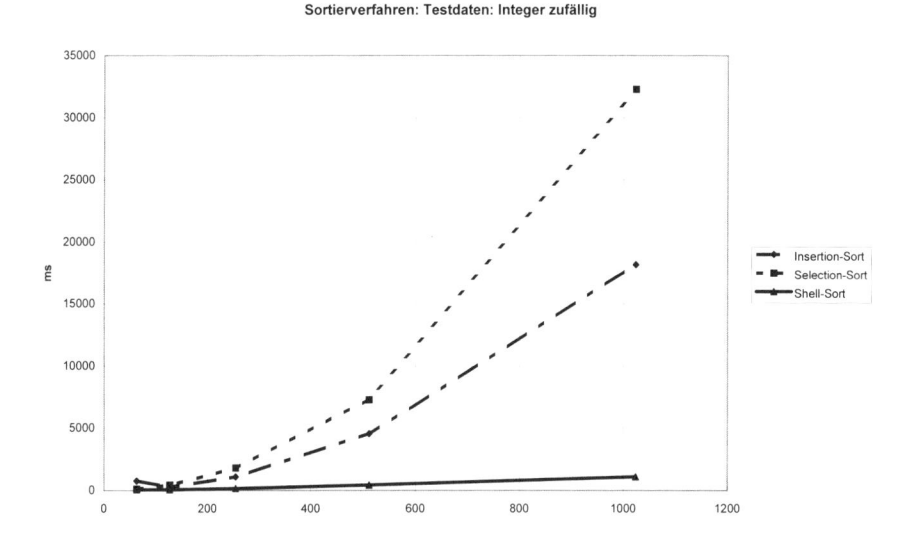

Sortierverfahren: Testdaten: Integer zufällig

Abb. 4.17: Grafische Darstellung der Ergebnisse für zufällige ganze Zahlen

Ansonsten unterstreichen die Ergebnisse in Abbildung 4.13 bzw. Abb. 4.15 und 4.16 die weiter oben gemachten Aussagen bezüglich der Eigenschaften der vorgestellten Sortierverfahren recht deutlich. Bei unsortierten Dateien verhalten sich Insertion-Sort und Selection-Sort etwa gleich. Die Sortierzeit steigt etwa quadratisch mit der Anzahl der Datensätze an. Durch diesen schnellen Anstieg lassen sich beide Sortierverfahren nur für das Sortieren von kleinen Dateien einsetzen. Ein wesentlich besseres Verhalten zeigt das Shell-Sort-Verfahren, mit dem sich auch recht große Dateien in recht kurzer Zeit sortieren lassen.

Bei bereits sortierten Dateien schneidet das Insertion-Sort-Verfahren erwartungsgemäß recht gut ab, wenngleich das Sortieren von Strings aufgrund des recht aufwendigen Vergleichs und Verschiebens von Datensätzen wesentlich länger dauert als das Sortieren von ganzen Zahlen, das nun sehr schnell ausgeführt wird. Selection-Sort weist praktisch das gleiche Verhalten wie bei unsortierten Dateien auf. Shell-Sort zeigt bei sortierten Dateien ebenfalls ein recht günstiges Verhalten.

Diese Aussagen werden durch eine grafische Darstellung der Sortierzeiten in Abhängigkeit von der Anzahl der zu sortierenden Daten noch deutlicher untermauert. Dazu habe ich die Ergebnisse in Abbildung 4.13

4 Elementare Sortierverfahren

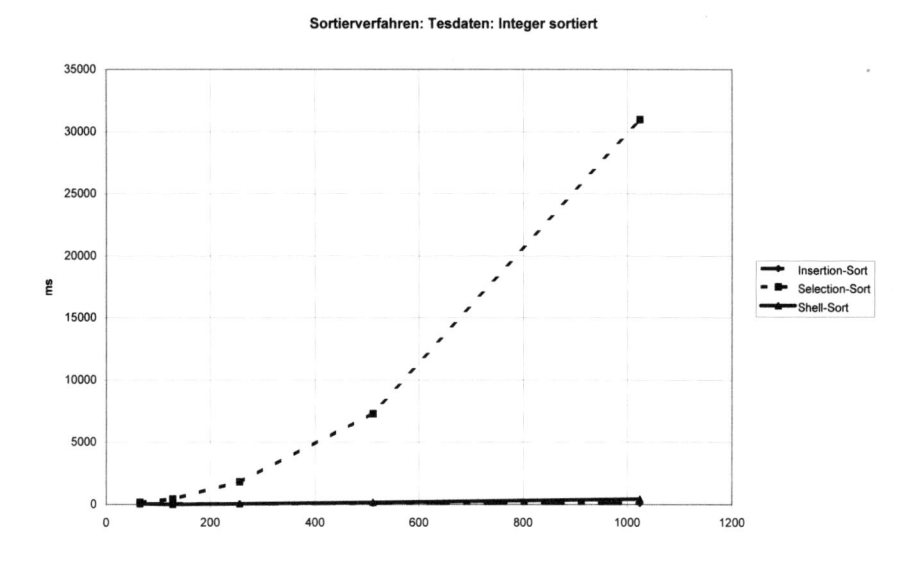

Abb. 4.18: Grafische Darstellung der Ergebnisse für ganze Zahlen (sortiert)

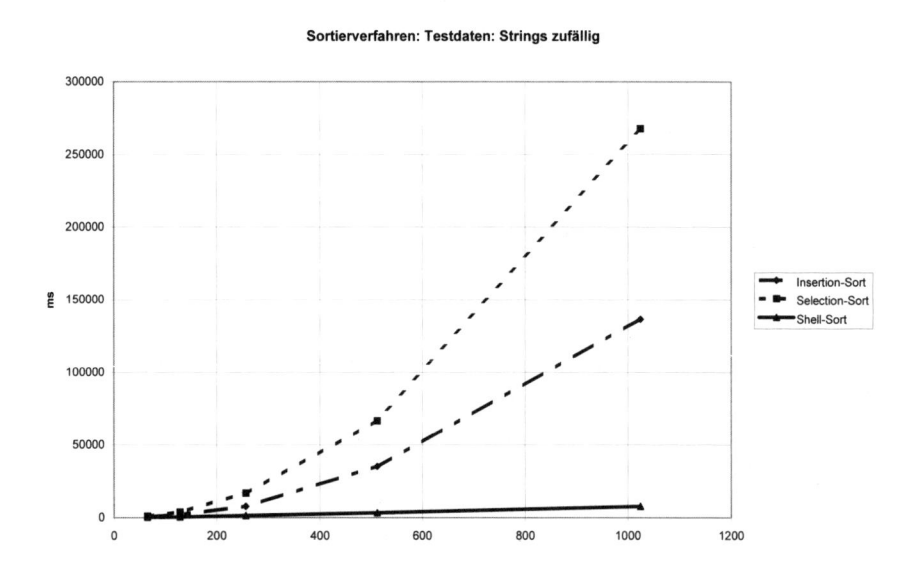

Abb. 4.19: Grafische Darstellung der Ergebnisse für Strings (zufällige Anordnung)

4.7 Vergleich und Bewertung

Sortierverfahren: Testdaten: Strings sortiert

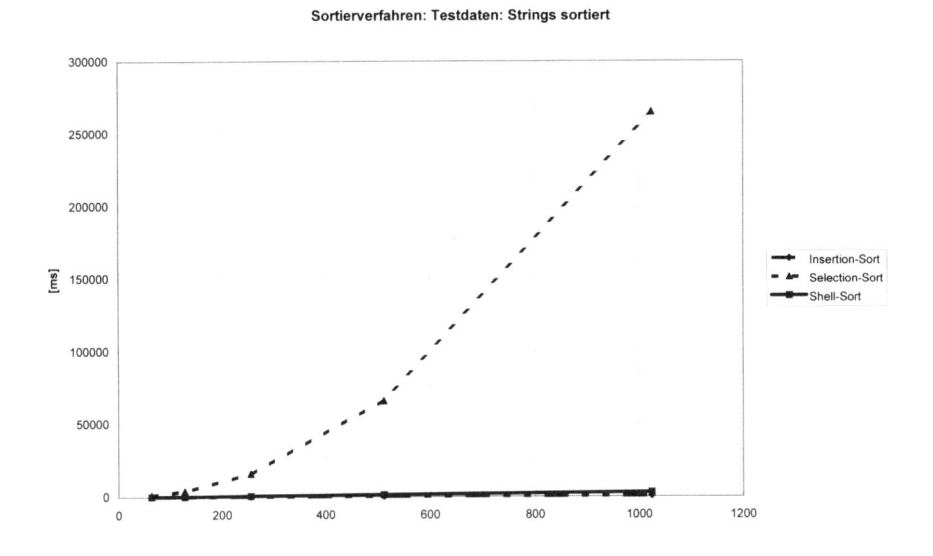

Abb. 4.20: Grafische Darstellung der Ergebnisse für Strings (sortiert)

mit MS-Excel grafisch aufbereitet. Die Ergebnisse finden Sie in den Abbildungen 4.17 bis 4.20. Diese Grafiken unterstreichen die oben gemachten Aussagen sehr deutlich.

Zusätzlich illustrieren die Abbildungen 4.17 bis 4.20, daß sich für das Sortieren von sehr vielen Datensätzen nur noch das Shell-Sort-Verfahren empfiehlt. Sowohl das Insertion- als auch das Selection-Sort-Verfahren sind für größere Dateien absolut ungeeignet. Nur für bereits weitgehend sortierte Dateien kann das Insertion-Sort-Verfahren empfohlen werden. Das Shell-Sort-Verfahren hingehen kann auch für die Sortierung vieler Daten problemlos eingesetzt werden. Im folgenden Kapitel wollen wir uns mit anderen Sortierverfahren beschäftigen, die noch leistungsfähiger sind: dem Quicksort-Verfahren und dem Heapsort-Verfahren. Falls Sie jedoch nur relativ kleine Datenmengen (bis zu einigen tausend Datensätzen) zu sortieren haben, sollten Sie auf das Shell-Sort-Verfahren zurückgreifen.

Noch eine Anmerkung zu den Abbildungen 4.17 bis 4.20: Vielleicht fragen Sie sich, warum ich diese grafische Darstellung nicht in Java selbst programmiert habe. Nun, dies erschien mir für die Erstellung von vier Grafiken zu aufwendig. In meinen Visual Basic-Buch zum gleichen

Thema habe ich die Erstellung der Grafiken in Visual Basic selbst programmiert - aber mit einem fertigen VBX-Control für Bussinessgrafiken!

5 "Höhere" Sortierverfahren

5.1 Einleitung

Im letzten Kapitel haben wir elementare Sortierverfahren kennengelernt, deren Leistung - mit Ausnahme von Shell-Sort - recht mäßig ist. In diesem Kapitel werden wir zwei sehr leistungsfähige Sortierverfahren - Quicksort und Heapsort - vorstellen, mit denen auch sehr große Dateien effizient sortiert werden können. Beide Sortierverfahren sortieren eine Datei mit N Datenelementen mit einem durchschnittlichen Aufwand der Ordnung N log N, wobei Quicksort im allgemeinen etwas schneller als Heapsort ist, da er eine sehr einfach aufgebaute "innere" Schleife aufweist.

Heapsort weist jedoch den Vorteil auf, daß er auch im Worst-Case immer einen Aufwand von N log N erfordert, Quicksort jedoch bei einer naiven Implementierung im Worst-Case N^2 Operationen erfordert. Der Worst-Case ist für Quicksort eine bereits sortierte Datei!

Dieses Kapitel ist mit "Höhere Sortierverfahren" betitelt, da beide Sortierverfahren nichttrivial sind. Während jeder mit etwas Nachdenken auf ein Sortierverfahren wie Selection-Sort selber kommt, ist dies bei den Sortierverfahren in diesem Kapitel nicht der Fall. Beide Verfahren fußen auf einem sehr allgemeinen Prinzip, das nicht nur in der Informatik angewendet wird: "Divide et impera" - Teile und herrsche. Im Grunde genommen ist diese einfache Regel die einzige Möglichkeit für uns komplexe Systeme zu beherrschen. Da wir mit unserem Intellekt nicht in der Lage sind, ein komplexes System in seiner Gesamtheit auf einmal zu erfassen, bleibt uns nichts anderes übrig, als ein System geeignet in voneinander weitgehend unabhängige Teile zu zerlegen, die eine geringere Komplexität aufweisen. Dieser Prozeß wird dann solange fortgesetzt, bis man Teilsysteme erhält, die man beherrschen kann. Ursprünglich wurde dieses Prinzip auf politische Systeme angewendet, es hat sich jedoch auch in Wissenschaft und Technik bewährt.

5.2 Quicksort

Quicksort ist sicherlich der Sortieralgorithmus, der am häufigsten benutzt wird - zumindestens, wenn zum Sortieren eine Bibliotheksfunktion verwendet wird. Quicksort wurde 1960 von C.A.R. Hoare entwickelt und seitdem von vielen Forschern untersucht; er ist einer der am besten erforschten Algorithmen der Informatik. Quicksort ist recht beliebt, da er bei einer sorgfältigen Implementierung im allgemeinen schneller ist als jedes andere Sortierverfahren. Außerdem kommt er mit recht wenig zusätzlichem Speicherplatz aus.

Zu den Vorzügen des Quicksort-Verfahrens gehört, daß es wie die elementaren Sortierverfahren direkt mit dem zu sortierenden Feld arbeitet. Es benötigt nur einen kleinen zusätzlichen Hilfsstapelspeicher und ist extrem schnell, weil es eine sehr einfach aufgebaute innere Schleife aufweist. Leider ist es recht störanfällig: ein kleiner Fehler bei der Implementierung kann leicht unbemerkt bleiben und Quicksort zu einem richtigen "Slowsort" machen. Die Leistungsfähigkeit von Quicksort ist sehr gut erforscht und es können daher sehr genaue Aussagen dazu gemacht werden. Quicksort wurde soweit verfeinert, daß er für eine sehr große Klasse von Sortierproblemen eingesetzt werden kann.

Erliegen Sie nicht der Versuchung, Quicksort verbessern zu wollen - dies haben bereits schon viele versucht. Die meisten dieser Versuche haben nicht gefruchtet, die erzielten Verbesserungen in einem Teil des Programms führen meistens zu einer Verschlechterung in anderen Programmteilen, so daß der Gesamteffekt in der Regel negativ ist. Nur einige wenige Varianten führen zu einer Verbesserung, auf einige von ihnen werden wir noch eingehen.

5.2.1 Die Grundidee von Quicksort

Wie bereits eingangs erwähnt, ist die Grundidee von Quicksort das Prinzip "teile und herrsche". Um eine Datei zu sortieren, teilt man sie geschickt in zwei Teile auf und sortiert beide unabhängig voneinander auf die gleiche Art und Weise. Offensichtlich ist Quicksort ein rekursiver Algorithmus. Wir werden jedoch später sehen, wie man eine nichtrekursive Variante implementiert. Die prinzipielle rekursive Implementierung sieht in Java wie folgt aus (Klasse *SortArray*):

```
public static void QuickSortRekursiv (
SortCondition sc, Object a[], int l, int r){
   int i;
   if (r > l) {
      i = TeileAuf(sc,a, l, r);
      QuickSortRekursiv(sc,a, l, i - 1);
      QuickSortRekursiv(sc,a, i + 1, r);
   }
}
```

Soweit ist die Implementierung noch ohne weiteres verständlich, wenn auch leider noch etwas unvollständig. Wie man sich leicht vorstellen kann, steckt der fehlende Rest in der Methode *TeileAuf*, die die richtige Aufteilung in zwei unabhängige Hälften ermittelt.

Diese Funktion muß folgende Aufgaben erfüllen:

- Für einen beliebigen Index i muß sich das Element a(i) an seinem endgültigen Platz befinden.

- Alle Elemente in dem linken Teilfeld a(l)...a(i-1) sind kleiner gleich a(i).

- Alle Elemente in dem rechten Teilfeld a(i+1)...a(r) sind größer gleich a(i).

Eine allgemeine Strategie für die Implementierung einer solchen Funktion sieht wie folgt aus:

- Wähle zuerst einmal willkürlich a(r) als das Element, das in seine endgültige Position gebracht werden soll.

- Suche nun in dem Feld von links ein Element, das größer als a(r) ist. Der Suchindex sei i.

- Durchsuche das Feld von rechts, bis ein Element gefunden wird, das kleiner als a(r) ist. Der Suchindex dazu sei j.

- Diese beiden Elemente sind offensichtlich im fertig zerlegten Feld fehl am Platz, also werden sie ausgetauscht.

5 "Höhere" Sortierverfahren

- Führe diese Such- und Austauschschritte solange durch, bis man bei dem Durchsuchen von links und von rechts identische Indizes erhält oder beim Durchsuchen von links einen höheren Index als beim Durchsuchen von rechts erhält. Das heißt, das Abbruchkriterium ist j<=i.

- In diesem Fall muß man nur noch a(r) mit dem Element a(i) tauschen.

Damit ergibt sich unmittelbar folgende Implementierung für die Methode *TeileAuf* in der Klasse *SortArray*:

```
private static int TeileAuf(
SortCondition sc, Object a[], int l, int r){
   int i,j;
   Object u,v;
   v = a[r];
   i = l - 1;
   j = r;
   do {
      do {// von links suchen
         i = i + 1;
      } while (sc.isGreaterThan(a[i],v));
      do { //von rechts suchen
         j= j - 1;
         if (j==0) break;
      } while (sc.isGreaterThan(v,a[j]));
      // linkes und rechtes Element tauschen
      u    = a[i];
      a[i] = a[j];
      a[j] = u;
   } while (j>i);
   a[j] = a[i];
   a[i] = a[r];
   a[r] = u;
   return i;
}
```

Damit ist unsere rekursive Quicksort-Implementierung vollständig. Die "innere" Schleife von Quicksort umfaßt somit nur das Inkrementieren bzw. Dekrementieren eines Schleifenzählers und das Vergleichen eines Feldelements mit einem festen Wert. Die "innere" Schleife ist damit extrem einfach, was Quicksort so schnell macht.

Diese Quicksort-Implementierung sortiert beide Teildateien rekursiv. Dies wäre an sich noch nicht problematisch, aber die obige Implementierung weist einen schwerwiegenden Nachteil auf, der sich bei bereits sortierten oder annähernd sortierten Dateien sehr störend bemerkbar macht. Bei einer bereits sortierten Datei entarten die Zerlegungen und das Unterprogramm ruft sich N-mal selber auf. Dabei scheidet bei jedem Aufruf nur ein Element aus. Dies bedeutet zum einen, daß der Rechenaufwand in diesem Fall die Ordnung $N^2/2$ ist, und zum anderen, daß für die Rekursion Speicherplatz der Größenordnung N benötigt wird. Weder der Rechenaufwand noch der Speicherplatzbedarf sind akzeptabel. Wir werden jedoch weiter unten sehen, wie sich dieser ungünstigste Fall mit einer relativ einfachen Erweiterung vermeiden läßt.

Bei einer zufälligen Anordnung ist die Leistungsfähigkeit der oben angegebenen Implementierung wesentlich besser. Die bestmögliche Situation wäre, wenn jede Zerlegung die Datei genau halbieren würde. In einem solchen Fall würde die Anzahl der Vergleiche gleich N log N sein. In der Regel wird die Situation nicht so günstig sein, aber es trifft zu, daß im Durchschnitt die Zerlegung auf die Mitte fällt. Unter Berücksichtigung der exakten Wahrscheinlichkeiten kann man zeigen, daß Quicksort im Mittel ungefähr 2N logN Vergleiche benötigt.

Daraus folgt, daß die oben angegebene Implementierung für zufällige Dateien ein sehr leistungsfähiges Sortierverfahren darstellt. Durch Einführung weiterer Verbesserungen, von denen wir nachfolgend einige vorstellen werden, läßt sich Quicksort zu einem nahezu universell einsetzbaren Sortierverfahren ausbauen, mit dem sich auch sehr große Dateien effizient sortieren lassen.

5.2.2 Beseitigung der Rekursion

Als ersten Schritt möchten wir die Rekursion durch Einführung eines expliziten (das heißt wir verwenden nicht den Prozessor-Stack wie bei der rekursiven Variante) Stapelspeichers beseitigen, damit wir nicht

5 "Höhere" Sortierverfahren

unnötig durch die Größe des Stapelspeichers eingeschränkt werden. Dazu müssen wir im Grunde genommen nur die Parameter *r* und *l* auf diesem expliziten Stapel speichern. Dies führt zu der folgenden Implementierung:

```
public static void QuickSortNichtRekursiv(
SortCondition sc, Object a[], int n){
   int i;
   int l;
   int r;
   int[] stapel;
   int s;   // stackPointer
   int size;
   size = 2 * (int)(Math.log(n)
        Math.log(2)) + 1;
   stapel= new int[size];
   s = -1;
   l = 0;
   r = n-1;
   s = s + 1;
   stapel[s] = l;
   s = s + 1;
   stapel[s] = r;
   do {
      if (r >l) {
         i = TeileAuf(sc,a, l, r);
         if ((i - l) > (r - i)){
            s = s + 1;
            stapel[s] = l;
            s = s + 1;
            stapel[s] = i - 1;
            l = i + 1;
         }
         else{
            s = s + 1;
            stapel[s] = i + 1;
            s = s + 1;
            stapel[s] = r;
            r = i - 1;
         }
```

```
      }
      else{
         r = stapel[s];
         s = s - 1;
         l = stapel[s];
         s = s - 1;
      }
   }
   while (s >0);
}
```

Bei dieser Methode wurden außerdem noch einige kleine Verbesserungen angebracht. Auf der einen Seite wird nicht willkürlich irgendeine Teildatei auf dem Stapel gespeichert, sondern es wird die größere von beiden gewählt. Auf der anderen Seite wird die kleinere Datei überhaupt nicht auf dem Stapel gespeichert, sondern es werden einfach die Werte der Parameter geändert.

Auf diese Weise wird erreicht, daß der Stapel nur noch für log N Eintragungen Platz haben muß, da jede Teildatei, die im Stapel abgelegt wird, weniger als halb so groß sein muß, wie die zuvor gespeicherte. Auf diese Weise haben wir durch Beseitigung der Rekursion das Problem mit dem Stapelspeicherplatz beseitigt. Allerdings haben wir noch nicht das Problem gelöst, daß Quicksort bei einer bereits sortierten Datei sehr ineffizient arbeitet.

5.2.3 Verbesserung der Zerlegung

Der Grund für diese Ineffizienz ist, daß wir immer das Element a(r) als Startpunkt für die Zerlegung wählen. Daher müssen wir an dieser Stelle ansetzen. Eine mögliche Verbesserung wäre, statt eines Elements zunächst erst einmal drei Elemente aus der Teildatei zu entnehmen: das linke Element a(l), das rechte Element a(r) und das mittlere Element a(med). Anschließend sortieren wir diese Elemente nach ihrer Größe (im Originalfeld) und tauschen dann das Element a(r-1) mit dem neuen mittleren Feld a(med). Anschließend zerlegen wir die Datei wie gehabt. Auf diese Weise kann man Quicksort für den ungünstigsten Fall ganz

5 "Höhere" Sortierverfahren

wesentlich verbessern. Damit Quicksort eine Zeit von N^2 benötigen würde, müßten nahezu immer zwei von drei Elementen zu den größten oder kleinsten der Teildatei gehören, was sehr unwahrscheinlich ist.

Das folgende Programmstück zeigt, wie Quicksort zu ergänzen ist:

```
public static void QuickSort(
   SortCondition sc, Object a[], int n){
   int i;
   int l;
   int r;
   int[] stapel;
   int s;   // stackPointer
   int size;
   int med;
   Object t;
   size = 2 * (int)(Math.log(int n) /
         Math.log(2)) + 1;
   stapel= new int[size];
   s = -1;
   l = 0;
   r = n-1;
   s = s + 1;
   stapel[s] = l;
   s = s + 1;
   stapel[s] = r;
   do {
      if (r >1) {
      /* Umsortierung des linken, mittleren und
         rechten Elements nach Grösse ==>
         verbessert die Leistung im Worstcase
         ganz wesentlich    */
      med =(l+r) /2;
      if(sc.isGreaterThan(a[med],a[l])){
         t=a[l];
         a[l]=a[med];
         a[med]=t;
      }
      if(sc.isGreaterThan(a[r],a[med])){
         t=a[med];
         a[med]=a[r];
```

```
            a[r]=t;
         }
         if(sc.isGreaterThan(a[med],a[l])){
            t=a[l];
            a[l]=a[med];
            a[med]=t;
         }
         t=a[med];
         a[med]=a[r-1];
         a[r-1]=t;
         i = TeileAuf(sc,a, l, r);
         if ((i - l) > (r - i)){
            s = s + 1;
            stapel[s] = l;
            s = s + 1;
            stapel[s] = i - 1;
            l = i + 1;
         }
         else{
            s = s + 1;
            stapel[s] = i + 1;
            s = s + 1;
            stapel[s] = r;
            r = i - 1;
         }
      }
      else{
         r = stapel[s];
         s = s - 1;
         l = stapel[s];
         s = s - 1;
      }
   }
   while (s >0);
}
```

Die Ergänzungen sind kursiv markiert. Die Umsortierung erfolgt über den Code der drei If-Statements. Bevor wir die Verbesserung anhand von Benchmarks verifizieren, wollen wir noch kurz auf eine weitere Verbesserung eingehen.

5 "Höhere" Sortierverfahren

5.2.4 Behandlung kleiner Teildateien

Eine weitere Verbesserung von Quicksort ergibt sich aus der Beobachtung, daß Quicksort sich selbst häufig für recht kleine Teildateien aufruft. Daher sollte man eine möglichst effiziente Methode wählen, um diese Teildateien zu sortieren. Um dies zu erreichen, ändern wir einfach den Test

```
if( r > l) then
```

wie folgt um:

```
if (( r - l) > m)
```

wobei m eine ganze Zahl größer als Null ist. Dadurch werden bei der Sortierung kleine Teildateien ignoriert, so daß man als Ergebnis der Sortierung eine nahezu sortierte Datei erhält. Wie wir im letzten Kapitel gesehen haben, ist Insertion-Sort sehr gut dafür geeignet, eine nahezu sortierte Datei zu sortieren. Wenn wir unseren Algorithmus auf diese Weise ergänzen, so erhalten wir folgende, endgültige Implementierung:

```
public static void QuickSort(
   SortCondition sc, Object a[], int n){
   int i;
   int l;
   int r;
   int[] stapel;
   int s;    // stackPointer
   int size;
   int med;
   int m;
   Object t;
   size = 2 * (int)(Math.log(n) /
         Math.log(2)) + 1;
   stapel= new int[size];
   s = -1;
   l = 0;
   r = n-1;
   s = s + 1;
   stapel[s] = l;
   s = s + 1;
   stapel[s] = r;
```

5.2 Quicksort

```
m=32;
do {
   if (r >1) {
   /* Umsortierung des linken, mittleren und
      rechten Elements nach Grösse ==>
      verbessert die Leistung im Worstcase
      ganz wesentlich
   */
      med =(l+r) /2;
      if(sc.isGreaterThan(a[med],a[l])){
         t=a[l];
         a[l]=a[med];
         a[med]=t;
      }
      if(sc.isGreaterThan(a[r],a[med])){
         t=a[med];
         a[med]=a[r];
         a[r]=t;
      }
      if(sc.isGreaterThan(a[med],a[l])){
         t=a[l];
         a[l]=a[med];
         a[med]=t;
      }
      t=a[med];
      a[med]=a[r-1];
      a[r-1]=t;
      i = TeileAuf(sc,a, l, r);
      if ((i - l) > (r - i)){
         s = s + 1;
         stapel[s] = l;
         s = s + 1;
         stapel[s] = i - 1;
         l = i + 1;
      }
      else{
         s = s + 1;
         stapel[s] = i + 1;
         s = s + 1;
         stapel[s] = r;
```

5 "Höhere" Sortierverfahren

```
                r = i - 1;
            }
        }
        else{
            r = stapel[s];
            s = s - 1;
            l = stapel[s];
            s = s - 1;
        }
    }
    while (s >0);
    InsertionSort(sc,a,n);
}
```

Wenn wir diese Quicksort-Implementierung einmal mit der Shell-Sort-Implementierung aus dem letzten Kapitel vergleichen, so sehen wir unmittelbar, um wieviel aufwendiger die Quicksort-Implementierung ist und wieviel Know-How dafür notwendig ist. Die Frage liegt daher nahe, ob sich der ganze Aufwand lohnt. Um diese Frage zu beantworten, ändern wir unser Benchmark-Programm aus dem letzten Kapitel einmal so ab, daß wir die rekursive und die obige optimierte, nichtrekursive Quicksort-Implementierung untereinander und mit Shell-Sort vergleichen können. Dabei wollen wir uns auf die Sortierung von ganzen Zahlen beschränken. Da der Quellcode für dieses Programm dem Programm aus dem letzten Kapitel sehr ähnlich ist, verzichten wir hier auf einen Abdruck. Die Abbildung 5.1 zeigt die Ergebnisse eines Programmlaufs.

Zu den Ergebnissen muß angemerkt werden, daß die rekursive Quicksort-Implementierung Probleme mit dem Sortieren großer, bereits sortierter Dateien hat. Daher wurde in diesem Fall die maximale Dateigröße auf 1024 beschränkt. Hinsichtlich der Performanz sind bei Dateien mit Zufallswerten beide Quicksort-Implementierungen in etwa gleichwertig. Shell-Sort hält bei kleineren Dateien noch wacker mit, bei größeren Dateien (mehr als tausend Datensätze) fällt er jedoch zunehmend zurück. Eine Datei mit 16384 Datensätzen sortiert Quicksort bereits wesentlich schneller. Bei noch größeren Dateien wird dieser Unterschied immer größer, wie es auch die grafische Darstellung dieses Benchmarkergebnisses (Abb. 5.2) deutlich macht.

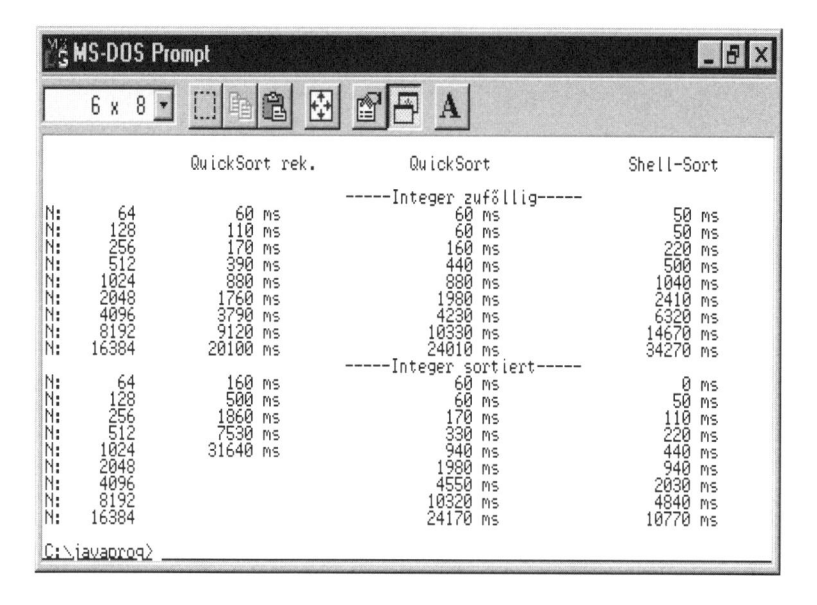

```
MS-DOS Prompt
6 x 8

              QuickSort rek.      QuickSort          Shell-Sort
                              -----Integer zufällig-----
N:      64         60 ms           60 ms              50 ms
N:     128        110 ms           60 ms              50 ms
N:     256        170 ms          160 ms             220 ms
N:     512        390 ms          440 ms             500 ms
N:    1024        880 ms          880 ms            1040 ms
N:    2048       1760 ms         1980 ms            2410 ms
N:    4096       3790 ms         4230 ms            6320 ms
N:    8192       9120 ms        10330 ms           14670 ms
N:   16384      20100 ms        24010 ms           34270 ms
                              -----Integer sortiert-----
N:      64        160 ms           60 ms               0 ms
N:     128        500 ms           60 ms              50 ms
N:     256       1860 ms          170 ms             110 ms
N:     512       7530 ms          330 ms             220 ms
N:    1024      31640 ms          940 ms             440 ms
N:    2048                       1980 ms             940 ms
N:    4096                       4550 ms            2030 ms
N:    8192                      10320 ms            4840 ms
N:   16384                      24170 ms           10770 ms
C:\javaprog>
```

Abb. 5.1: Benchmarkvergleich zwischen einer einfachen rekursiven Quicksort-Implementierung, einer optimierten nichtrekursiven Implementierung und ShellSort. Java-Interpreter V1.02 auf einem 80486er-PC.

Bei bereits sortierten Dateien sieht es etwas anders aus. Hier ist ShellSort ein klarer Sieger, allerdings ist die Differenz gegenüber der nichtrekursiven Quicksort-Implementierung nicht unbedingt weltbewegend. Die naive rekursive Quicksort-Implementierung "stirbt" bei solchen Dateien jedoch sehr schnell ab.

5.3 Heapsort

Ein zweites, sehr leistungsfähiges Sortierverfahren ist Heapsort. Heapsort benötigt für das Sortieren von N Datensätzen im Durchschnitt und im Worst-Case einen Rechenaufwand, der proportional zu N log N ist. Seine Implementierung ist etwas einfacher als die obige Quicksort-Implementierung. Heapsort ist vorzugsweise einzusetzen, wenn viele Datensätze zu sortieren sind und die Sortierzeit vorhersagbar sein soll.

5 "Höhere" Sortierverfahren

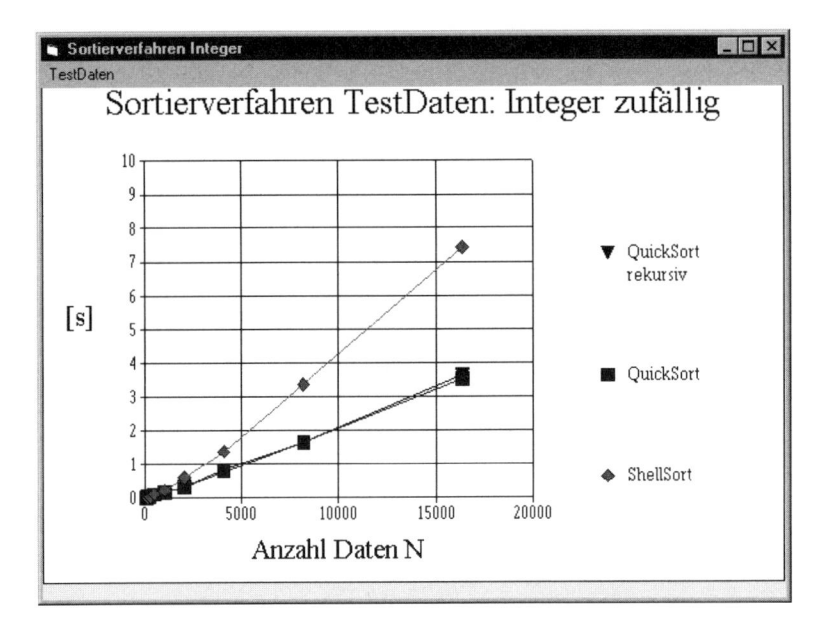

Sortierverfahren TestDaten: Integer zufällig

Abb. 5.2: Benchmarkvergleich zwischen einer einfachen rekursiven Quicksort-Implementierung, einer optimierten nichtrekursiven Implementierung und ShellSort. Visual-Basic Version 3.0.

5.3.1 Heaps

Heapsort verdankt seinen Namen einer besonderen Datenstruktur, dem sogenannten *Heap*. Diese spezielle Datenstruktur wird vor allem im Zusammenhang mit sogenannten *Prioritätswarteschlangen* verwendet. Prioritätswarteschlangen sind Datenstrukturen, die folgende Eigenschaften aufweisen:

- Es können Datensätze eingefügt werden (*insert*).

- Es kann das jeweils größte Datenelement entfernt werden (*remove*).

- Das größte Datenelement kann durch ein neues Element ersetzt werden (*replace*).

- Ein beliebiges Element kann gelöscht werden (*delete*).

Eine solche Datenstruktur weist eine gewisse Ähnlichkeit mit einem Stack (Stapel-Speicher) bzw. einer Queue auf und in der Tat kann man diese beiden einfachen Datenstrukturen auch mit Prioritätswarteschlangen implementieren. Zu beachten ist, daß es für die Implementierung einer Prioritätswarteschlange nicht erforderlich ist, daß die Daten intern vollständig sortiert vorliegen, da es nur darauf ankommt, effizient ein Element einzufügen bzw. das größte Element zu entfernen.

Für Prioritätswarteschlangen gibt es viele Anwendungsmöglichkeiten, wie zum Beispiel das Job-Scheduling in Computersystemen und Simulationssystemen (hier entspricht der Schlüssel den "Ereigniszeiten"). Sie werden außerdem für eine Reihe von Algorithmen auf Graphen benötigt.

Wie wir schon oben angedeutet haben, eignet sich die Datenstruktur eines Heaps für die effiziente Implementierung der meisten Operationen einer Prioritätswarteschlange. Ein Heap ist eine spezielle Datenstruktur mit folgenden Eigenschaften:

- Das Speichern der Datensätze erfolgt in einem Feld.

- Die Datenstruktur ist ein vollständiger binärer Baum, der sequentiell in diesem Feld gespeichert wird. Die Speicherung erfolgt so, daß die Nachfolger eines Knotens mit der Position j sich auf den Positionen 2j und 2j+1 befinden und der Vorgänger auf der Position j /2.

- Die Schlüssel in diesem binären Baum müssen der *Heap-Bedingung* genügen: der Schlüssel in jedem Knoten soll größer (oder gleich) als die Schlüssel in seinen Nachfolgern sein . Daraus folgt sofort, daß sich der größte Schlüssel in der Wurzel befindet, welche das erste Element in dem Feld belegt.

Alle Algorithmen mit Heaps operieren entlang eines Pfades von der Wurzel bis zum Ende des Heaps. In einem Heap mit N Knoten befinden sich etwa lg N Knoten auf allen Pfaden: es gibt N/2 Knoten auf der untersten Ebene, N/4 Knoten auf der zweituntersten Ebene usw. Daher können alle Algorithmen mit Heaps in logarithmischer Zeit ausgeführt werden.

Die Algorithmen arbeiten selber so, daß sie zunächst eine einfache strukturelle Änderung vornehmen, die die Heap-Bedingung verletzt. Anschließend muß dann die Heap-Bedingung wieder hergestellt werden. Für die Herstellung der Heap-Bedingung gibt es zwei Funktionen: *upheap* und

5 "Höhere" Sortierverfahren

downheap. Die Funktion *upheap* verschiebt einen Knoten solange nach oben, bis die Heap-Bedingung erfüllt ist. Die Funktion *downheap* verschiebt einen Knoten solange im Baum nach unten, bis ebenfalls die Heap-Bedingung wieder erfüllt ist.

Für die Implementierung definieren wir eine Klasse Heap, die folgende Instanzvariablen und Konstruktor aufweist:

```
import SortCondition;
class Heap {
   private int anz;
   private Object[] a;
   private SortCondition sc;
   Heap(int size,SortCondition cond){
      a= new Object[size];
      sc=cond;
      anz=-1;
   }
   ...
}
```

Die Instanzvariable *anz* speichert die Anzahl der Elemente im Heap (genauer die Anzahl minus Eins). Die Variable *a* ist ein Array und speichert die Elemente, die in den Heap eingefügt werden. Die Variable *sc* speichert die Sortierbedingung, die für die Heapoperationen benötigt wird. Der Konstruktor erwartet als Parameter die Maximalgröße des Heaps und eine Sortierbedingung. Da es hier nur um eine Demonstration der wichtigsten Heapoperationen geht, arbeitet die Klasse für die Speicherung der Elemente mit einem Array fester Größe. Bei den nachfolgend beschriebenen Heapoperationen wird außerdem auf jede Fehlerüberprüfung hinsichtlich der Anzahl der bereits eingefügten Elemente verzichtet, um das Prinzip deutlicher zeigen zu können.

Das folgende Stück Quelltext zeigt die Implementierung der Methode *upheap* in der Klasse *Heap*:

```
public void upHeap(int k){
   Object t;
   if(k==0) return;
   t=a[k];
   while(sc.isGreaterThan(a[k/2],t)) {
```

```
      a[k]=a[k/2];
      k=k/2;
      if(k<=0) break;
   }
   a[k]=t;
}
```

Diese Methode sucht die passende Einfügestelle entlang des Pfades von dem Element mit dem Index k bis zur Wurzel und tauscht dann die Elemente aus.

Die Implementierung der Methode *downheap* ist etwas komplizierter:

```
public void downHeap(int k){
   Object t;
   int i;
   int j;
   t=a[k];
   while(k <=anz /2){
      j=k+k;
      if (j < anz){
         if (sc.isGreaterThan(a[j],a[j+1]))
            j = j + 1;
      }
      if(!sc.isGreaterThan(t,a[j])) break;
      a[k] = a[j];
      k = j;
   }
   a[k] = t;
}
```

Diese Methode bewegt einen Knoten k solange nach unten, bis die Heap-Bedingung wieder erfüllt ist. Dazu muß gegebenfalls der aktuelle Knoten mit dem größeren seiner beiden Nachfolger ausgetauscht werden. Dieser Prozeß bricht ab, wenn entweder die Heap-Bedingung erfüllt ist oder die unterste Ebene erreicht wird.

Mit diesen beiden Methoden können die *Insert, Remove, Replace, Change* und *Delete*-Operationen auf einem Heap leicht realisiert werden. Die Insert-Operation kann einfach wie folgt implementiert werden:

5 "Höhere" Sortierverfahren

```
public void insert(Object elem){
  if(anz==a.length) return;
  anz=anz+1;
  a[anz]=elem;
  upHeap(anz);
}
```

Zuerst wird der Zähler für die Anzahl der Elemente im Heap inkrementiert. Anschließend wird das neue Element am Ende eingefügt und mittels der Methode *upheap* solange nach oben verschoben, bis die Heap-Bedingung wieder erfüllt ist. Um das größte Element aus dem Heap zu entfernen, verwendet man die Methode *remove*:

```
public Object remove(){
  Object elem;
  elem=a[0];
  a[0]=a[anz];
  anz=anz-1;
  downHeap(0);
  return elem;
}
```

Zuerst liest man das größte Element aus a(0) aus. Anschließend wird das letzte Element auf a(0) umkopiert, die Anzahl der Elemente im Heap dekrementiert und anschließend mittels *downheap* die Heapbedingung wiederhergestellt. Das größte Element im Heap kann mit der folgenden Methode *replace* geändert werden:

```
 public void replace(Object elem){
   a[0]=elem;
   downHeap(0);
 }
```

5.3.2 Sortieren mit Heaps: Heapsort

Auf der Basis der oben angegebenen Operationen mit Heaps läßt sich ein sehr effizientes Sortierverfahren aufbauen: Heapsort. Die Idee ist die folgende: zuerst baut man einen Heap auf, der die zu sortierenden

5.3 Heapsort

Elemente enthält. Anschließend entfernt man alle Elemente in der richtigen Reihenfolge. Dies führt zur folgenden Implementierung in der Klasse *SortArray*:

```
public static void HeapSort(
   SortCondition sc,
   Object a[]
   int anz){
   int k;
   int l;
   Object t;
   int m;
   int n;
   m=nz-1;
   n=m;
   //Heap konstruieren
   for(k=m /2;k>=0;k--) {
      DownHeap(sc,k,n,a);
   }
   // Heap in der richtigen Reihenfolge abbauen
   do {
      t=a[0];
      a[0]=a[m];
      a[m]=t;
      m=m-1;
      DownHeap(sc,0,m,a);
   } while (m>0);
}
private static void DownHeap(
   SortCondition sc,
   int k, int n,
   Object a[]) {
   Object t;
   int i;
   while(k <=n /2){
      j=k+k;
      if (j < n){
         if (sc.isGreaterThan(a[j],a[j+1]))
            j = j + 1;
      }
```

5 "Höhere" Sortierverfahren

```
            if(!sc.isGreaterThan(t,a[j])) break;
            a[k] = a[j];
            k = j;
        }
        a[k] = t;
    }
```

Die erste Schleife des Programms implementiert die Konstruktion eines Heaps mit N Elementen. Dazu wird der Heap rückwärts durchlaufen, und es werden kleine Heaps von unten her erzeugt. Dieser Bottom-Up-Aufbau eines Heaps erfolgt in linearer Zeit. Zeitaufwendiger ist die zweite Schleife, mit der das eigentliche Sortieren erfolgt: es wird das jeweils größte Element aus dem Heap entnommen und an die jeweils letzte Position des Feldes (die Schritt für Schritt nach vorne rückt) kopiert. Da diese Schleife N-mal durchlaufen wird und die Funktion downheap eine Laufzeit aufweist, die proportional zu 2 lg N ist, ist die Laufzeit dieser Schleife proportional zu 2N lg N. Diese Laufzeit ist unabhängig von der Anordnung der Datensätze.

Die folgenden Abbildungen 5.3 bis 5.6 zeigen die Aufbauphase des Heaps und die Abbildungen 5.7 bis 5.9 die Sortierphase des Heaps. Während der Aufbauphase hat Heapsort keinerlei Ähnlichkeit mit einem Sortierverfahren; die Elemente scheinen völlig willkürlich positioniert zu werden. Während der Sortierphase wird die erzeugte Struktur jedoch beibehalten und die großen Elemente werden sukzessive entfernt und an das Ende des Feldes bewegt.

Die Implementierung von Heapsort ist offensichtlich wesentlich einfacher als eine sorgfältige Quicksort-Implementierung. Das Laufzeitverhalten ist dem Laufzeitverhalten von Quicksort sehr ähnlich, so daß auf den ersten Blick Heapsort vorzuziehen ist. Leider ist die "innere" Schleife von Heapsort um einiges komplexer als die von Quicksort. Daher ist Quicksort in der Regel etwa doppelt so schnell wie Heapsort, wie die folgenden Benchmarkergebnisse beweisen.

5.3 Heapsort

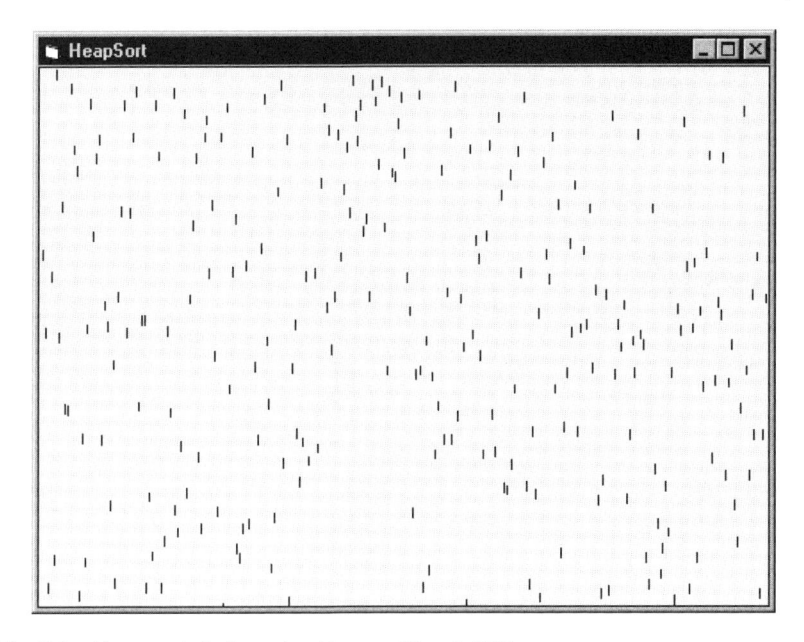

Abb. 5.3: Heapsort: Aufbau des Heaps. Stand: 25%.

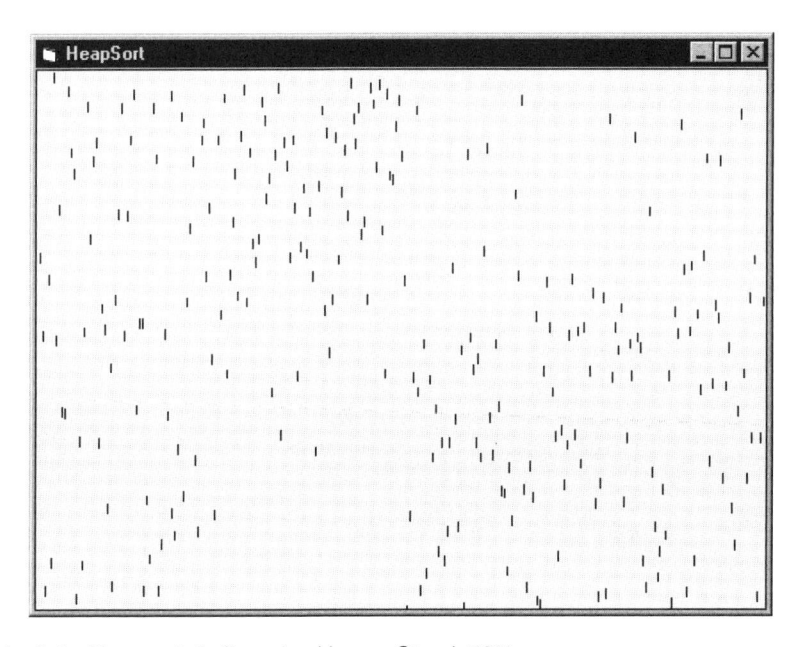

Abb. 5.4: Heapsort: Aufbau des Heaps. Stand: 50%.

5 "Höhere" Sortierverfahren

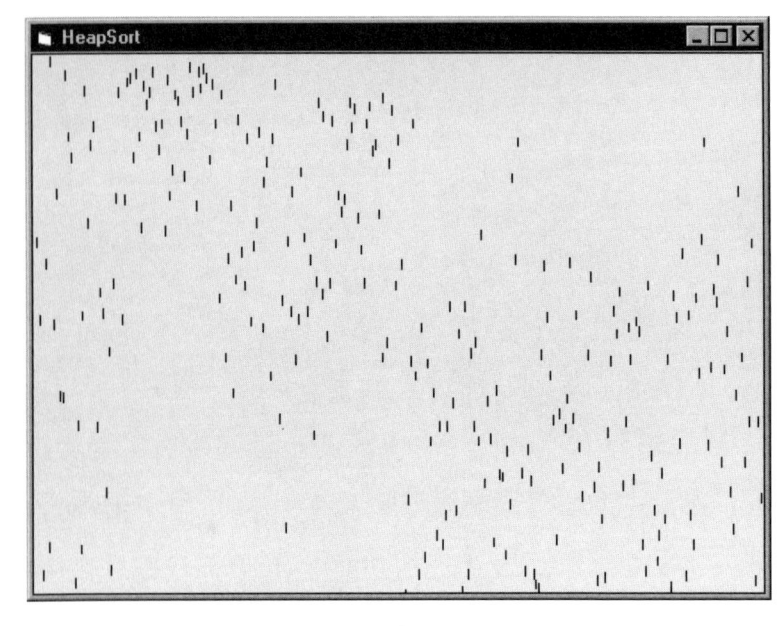

Abb. 5.5: Heapsort: Aufbau des Heaps. Stand: 50%.

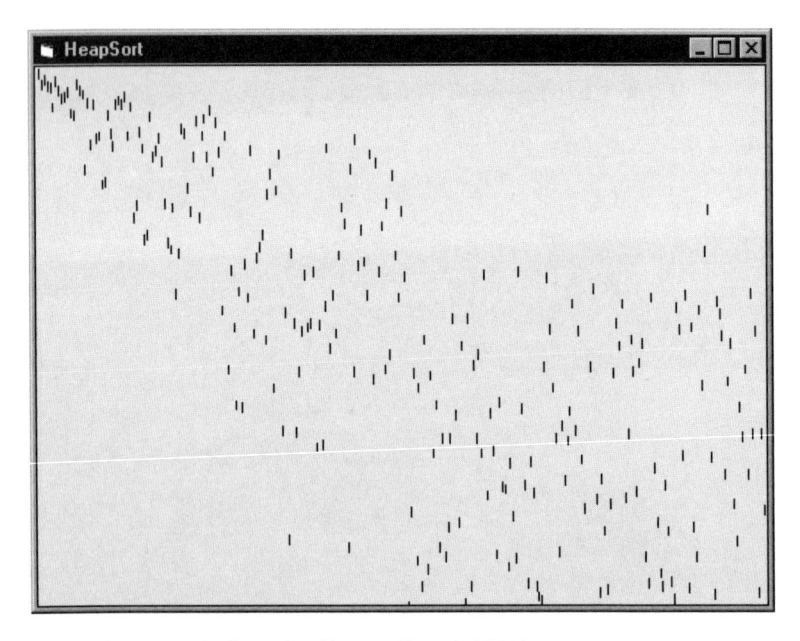

Abb. 5.6: Heapsort: Aufbau des Heaps. Stand: 100%.

5.3 Heapsort

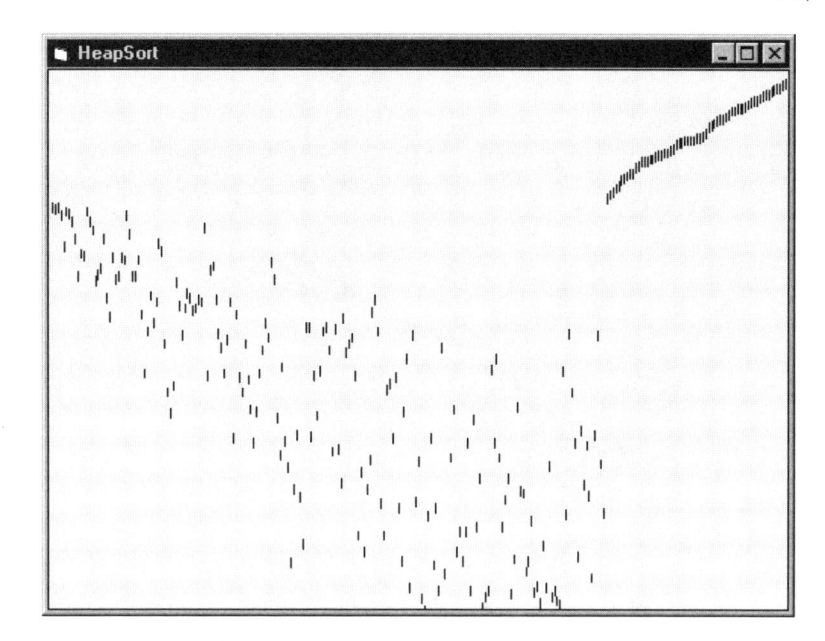

Abb. 5.7: Heapsort: Sortierphase. Stand: 25%.

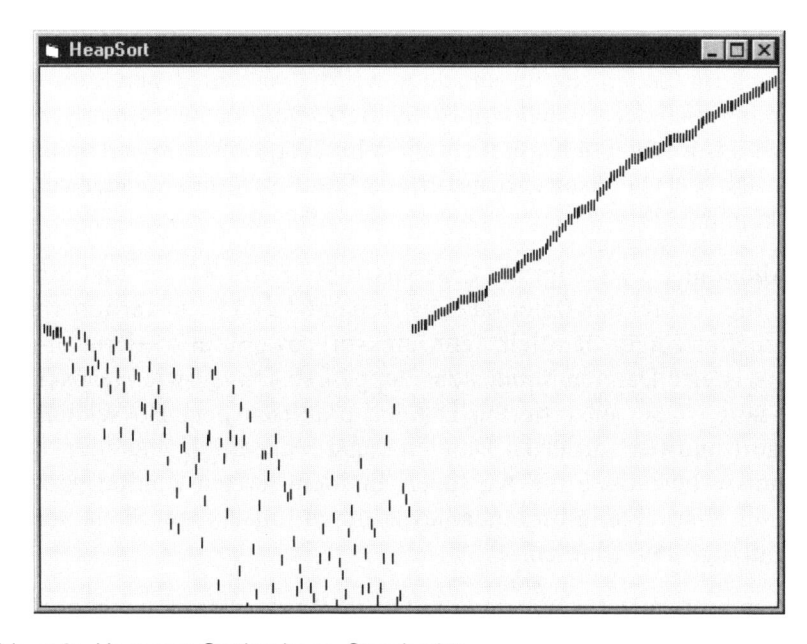

Abb. 5.8: Heapsort: Sortierphase. Stand: 50%.

5 "Höhere" Sortierverfahren

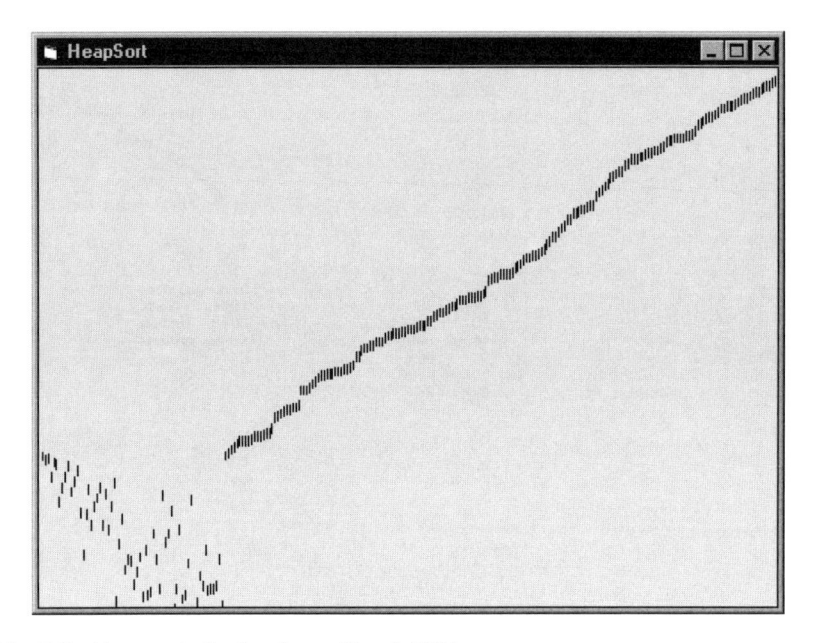

Abb. 5.9: Heapsort: Sortierphase Stand: 75%.

5.4 Vergleich und Bewertung

Wie auch im letzten Kapitel möchten wir die verschiedenen Sortierverfahren miteinander anhand von Benchmarks vergleichen. Dazu verwenden wir das im letzten Kapitel entwickelte Testprogramm und ändern es so ab, daß wir Quicksort, Heapsort und Shell-Sort miteinander vergleichen können.

Die Abbildung 5.10 zeigt die Ergebnisse für ganze Zahlen und Strings, wobei die Anzahl der Datensätze zwischen 64 und 8196 variiert wurde. Die Tabellen zeigen deutlich, daß Quicksort sowohl für sortierte als auch für unsortierte Dateien mindestens doppelt so schnell wie Heapsort ist. Shell-Sort ist bei unsortierten Dateien praktisch genauso schnell wie Heapsort und bei sortierten Dateien sogar wesentlich schneller. Diese Ergebnisse bestätigen die Aussagen aus dem letzten Kapitel und sind eine gute Empfehlung für einen bevorzugten Einsatz von Shell-Sort bei nicht allzugroßen Dateien.

Bei sehr großen Dateien ändert sich das Bild ein wenig, wie die Abbildungen 5.11 und 5.12 illustrieren. Quicksort ist gegenüber Heapsort praktisch immer doppelt so schnell, aber Shell-Sort fällt gegenüber Heapsort bei unsortierten Dateien in zunehmendem Maße zurück.

5.4 Vergleich und Bewertung

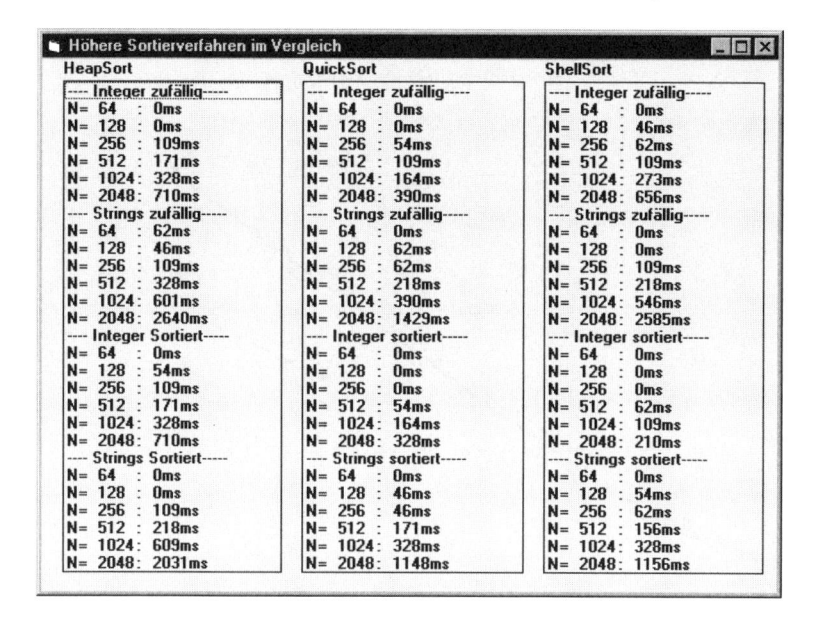

```
Höhere Sortierverfahren im Vergleich                                    _ □ ×
HeapSort                    QuickSort                   ShellSort
---- Integer zufällig----   ---- Integer zufällig----  ---- Integer zufällig----
N=  64  : 0ms               N=  64  : 0ms              N=  64  : 0ms
N= 128  : 0ms               N= 128  : 0ms              N= 128  : 46ms
N= 256  : 109ms             N= 256  : 54ms             N= 256  : 62ms
N= 512  : 171ms             N= 512  : 109ms            N= 512  : 109ms
N= 1024 : 328ms             N= 1024 : 164ms            N= 1024 : 273ms
N= 2048 : 710ms             N= 2048 : 390ms            N= 2048 : 656ms
---- Strings zufällig----   ---- Strings zufällig----  ---- Strings zufällig----
N=  64  : 62ms              N=  64  : 0ms              N=  64  : 0ms
N= 128  : 46ms              N= 128  : 62ms             N= 128  : 0ms
N= 256  : 109ms             N= 256  : 62ms             N= 256  : 109ms
N= 512  : 328ms             N= 512  : 218ms            N= 512  : 218ms
N= 1024 : 601ms             N= 1024 : 390ms            N= 1024 : 546ms
N= 2048 : 2640ms            N= 2048 : 1429ms           N= 2048 : 2585ms
---- Integer Sortiert-----  ---- Integer sortiert----- ---- Integer sortiert-----
N=  64  : 0ms               N=  64  : 0ms              N=  64  : 0ms
N= 128  : 54ms              N= 128  : 0ms              N= 128  : 0ms
N= 256  : 109ms             N= 256  : 0ms              N= 256  : 0ms
N= 512  : 171ms             N= 512  : 54ms             N= 512  : 62ms
N= 1024 : 328ms             N= 1024 : 164ms            N= 1024 : 109ms
N= 2048 : 710ms             N= 2048 : 328ms            N= 2048 : 210ms
---- Strings Sortiert----   ---- Strings sortiert----  ---- Strings sortiert----
N=  64  : 0ms               N=  64  : 0ms              N=  64  : 0ms
N= 128  : 0ms               N= 128  : 46ms             N= 128  : 54ms
N= 256  : 109ms             N= 256  : 46ms             N= 256  : 62ms
N= 512  : 218ms             N= 512  : 171ms            N= 512  : 156ms
N= 1024 : 609ms             N= 1024 : 328ms            N= 1024 : 328ms
N= 2048 : 2031ms            N= 2048 : 1148ms           N= 2048 : 1156ms
```

Abb. 5.10: Verschiedene Benchmarkergebnisse für Heapsort, Quicksort und Shellsort (Java-Interpreter V1.02. auf einem 486er-PC.

Diese Ergebnisse führen zu folgenden Empfehlungen:

- Bei kleinen bis mittelgroßen Dateien ist vorzugsweise Shell-Sort einzusetzen. Er ist leicht zu implementieren und ist nicht sehr viel langsamer als Quicksort.

- Bei großen Dateien sollte Quicksort eingesetzt werden, da er eine Datei am schnellsten sortiert. Auch bei bereits sortierten Dateien ist er sehr schnell, so daß Quicksort praktisch als universelle Sortiermethode eingesetzt werden kann. Nur bei sehr kleinen oder nahezu sortierten Dateien sollten andere Sortierverfahren eingesetzt werden. Gegen Quicksort spricht die relativ komplexe Implementierung.

79

5 "Höhere" Sortierverfahren

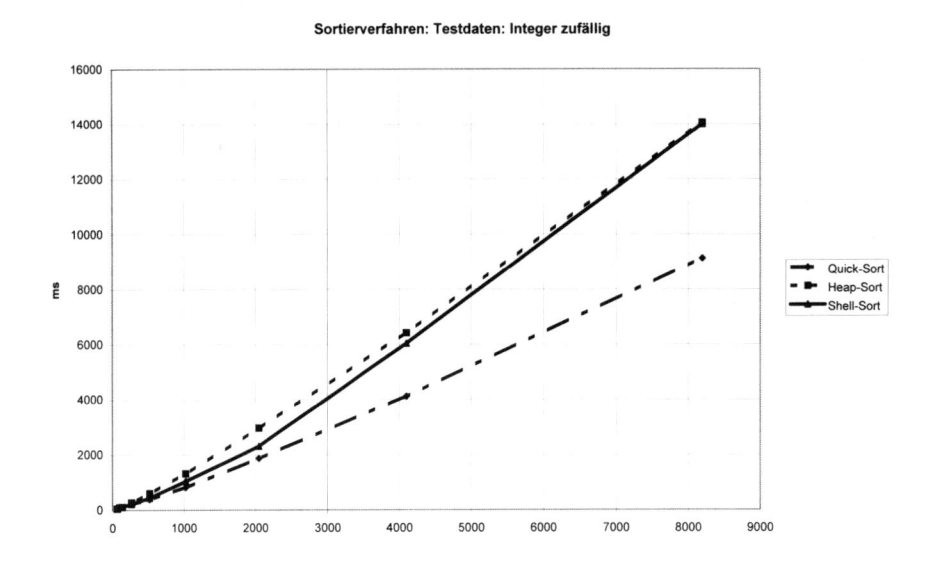

Sortierverfahren: Testdaten: Integer zufällig

Abb. 5.11: Grafische Darstellung der Ergebnisse in Abb. 5.10 (unsortierte Dateien)

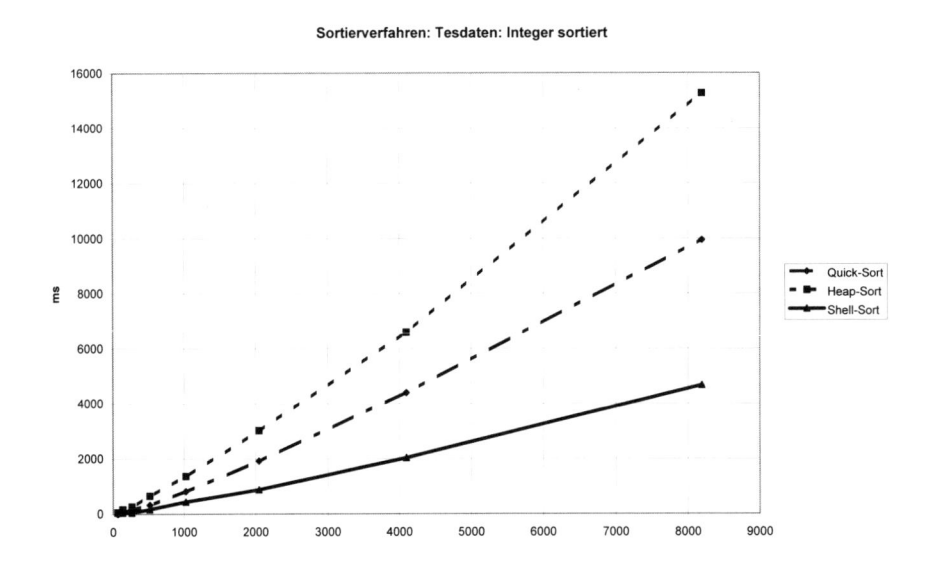

Sortierverfahren: Tesdaten: Integer sortiert

Abb. 5.12: Grafische Darstellung der Ergebnisse in Abb. 5.10 (sortierte Dateien)

6 Einfache Suchmethoden

6.1 Einleitung

Bei vielen Anwendungen müssen sehr schnell bestimmte Datensätze in einem umfangreichen Datenbestand aufgefunden werden. Gesucht wird anhand eines Schlüssels. Im einfachsten Fall sucht man alle Datensätze, deren Schlüssel mit dem gegebenen Schlüssel übereinstimmen. In der Praxis ist dies ein recht häufiger Fall, aber es ist auch vorstellbar, daß man alle Datensätze sucht, deren Schlüssel so gut wie möglich mit dem gegebenen übereinstimmen.

Suchoperationen sind vor allem im Zusammenhang mit Datenbanken sehr häufige Operationen und insbesondere relationale Datenbanken unterstützen mit der Abfragesprache SQL (Structured Query Language) umfangreiche und komplexe Suchoperationen, die über das einfache Schlüsselsuchen weit hinausgehen. Solche datenbankgestützten Suchaktionen werden wir hier nicht behandeln, da es über den Rahmen dieses Buches hinausgeht.

Wie auch beim Sortieren gibt es beim Suchen weitverbreitete Verfahren, von denen wir uns einige näher ansehen wollen. Dabei ist zu beachten, daß Suchalgorithmen nicht nur das eigentliche Wiederauffinden beinhalten, sondern ein Paket von folgenden Operationen:

- *Initialisieren* (initialize) der Datenstruktur.

- *Einfügen* (insert) eines neuen Datensatzes

- *Suchen* (search) eines Datensatzes (oder mehrerer Datensätze) mit einem bestimmten Schlüssel.

- *Löschen* (delete) eines bestimmten Datensatzes.

- *Sortieren* (sort) des gesamten Datenbestands.

6 Einfache Suchmethoden

Im folgenden werden wir als Datenstruktur für die Speicherung der Datensätze ein Feld wählen, weil dies die einfachste Lösung ist.

In der Praxis kommt es oft vor, daß mehrere Datensätze den gleichen Schlüssel enthalten, so daß sich die Frage stellt, was in solchen Fällen zu tun ist. Es gibt mehrere prinzipielle Möglichkeiten, die in Frage kommen. Einmal kann man fordern, daß nur die primäre Datenstruktur die (eindeutigen) Schlüssel enthält. Für jeden Schlüssel speichert man außerdem einen Verweis auf einer Liste mit den dazugehörenden Datensätzen. Dies ist eine recht praktische Anordnung für die Entwicklung von Suchalgorithmen. Außerdem erhält man alle Datensätze zu eine gegebenen Schlüssel auf einen Schlag. Nachteilig ist der relativ große Auwand für die diversen Datenstrukturen, die zudem noch unterschiedlich viele Elemente aufweisen.

Bei der zweiten Variante speichert man alle Datensätze - auch die mit gleichem Schlüssel - in der gleichen Datenstruktur. Bei einem Suchvorgang wird irgendein Datensatz mit dem gegebenen Schlüssel zurückgeliefert. Es ist klar, daß die Verwaltung der Datensätze damit wesentlich einfacher ist. Auf der anderen Seite ist es schwieriger für die Entwicklung von Suchalgorithmen, da man noch ein Verfahren für das Auffinden aller Datensätze zu einem bestimmten Schlüssel implementieren muß.

Eine weitere Möglichkeit besteht darin, jeden Datensatz eindeutig mit einem weiteren Kennzeichen (neben dem Schlüssel) zu versehen. Ein Suchvorgang muß dann einen Datensatz zu einem Schlüssel liefern, der mit einem gegebenen Kennzeichen übereinstimmt.

Alle drei Varianten haben wichtige Anwendungsbereiche und es gibt eine Vielzahl von Implementierungsvarianten. Im folgenden wollen wir uns im wesentlichen mit der Implementierung der Funktionen *search*, *insert* und *initialize* beschäftigen. Mit den Funktionen *delete* und *sort* werden wir uns nicht so weitgehend auseinandersetzen.

Die einfachsten Suchmethoden basieren auf der Speicherung von Datensätzen in einem Feld. Die elementarste, darauf basierende Suchmethode ist die *sequentielle Suche*. Wesentlich effizienter ist das *binäre Suchen* und noch schneller können Datensätze mittels *Interpolationssuche* aufgefunden werden.

6.2 Sequentielles Suchen

Die einfachste Suchmethode ist das *sequentielle* oder *lineare Suchen*. Bei diesem Suchverfahren werden neue Datensätze am Ende des Feldes eingefügt. Soll ein Datensatz gesucht werden, durchsuchen wir das ganze Feld von Anfang an sequentiell, bis wir den Datensatz gefunden haben. Wenn der Datensatz nicht existiert, wird das Feld bis zum Ende durchsucht.

6.2.1 Implementierung

Wir werden im folgenden die sequentielle Suche so implementieren, daß sie auf beliebige Objekte angewandt werden kann. Dazu ist es wiederum erforderlich, Vergleichsoperationen in Form eines Interface-Objektes zu verwenden, das dann durch die konkrete Klasse implementiert wird. Für alle Suchverfahren benötigen wir einen Test auf Gleichheit, für die binäre und die Interpolationssuche auch einen Test, der bestimmt, ob ein Objekt einen kleineren Wert als das andere aufweist. Der letzte Test wurde schon in Interface-Objekt *SortCondition* definiert, nun benötigen wir noch ein Interface-Objekt, das den Test auf Gleichheit definiert. Dazu definieren wir eine Klasse *SuchCondition* als Unterklasse der Klasse *SortCondition*:

```
import SortCondition;
public interface SuchCondition extends
SortCondition{
   public abstract boolean
      isEqual(Object obj1, Object obj2);
}
```

Bei der konkreten Implementierung müssen die Instanzvariablen beider Objekte miteinander verglichen werden, die die Schlüssel der jeweiligen Objekte darstellen. Im folgenden werden wir aus Bequemlichkeitsgründen Ganzzahl-Objekte verwenden, bei denen Schlüssel und Wert quasi identisch sind. Die Implementierung des obigen Interface-Objektes sieht dann wie folgt aus:

```
public class SeqSearchTest extends Frame
implements SuchCondition {
   SeqSearchVector svec;
   ...
```

6 Einfache Suchmethoden

```
   public boolean isGreaterThan(
      Object o1, Object o2) {
      Integer i1 = (Integer) o1;
      Integer i2 = (Integer) o2;
      return (i1.intValue() <i2.intValue());
   }
   public boolean isEqual(
   Object o1, Object o2) {
      Integer i1 = (Integer) o1;
      Integer i2 = (Integer) o2;
      return (i1.intValue() ==i2.intValue());
   }
}
```

Durch geeignete Implementierung des Interface-Objektes können beliebige Objekte mittels linearer oder binärer Suche in einer Datei gesucht werden. Wie schon weiter oben ausgeführt wurde, verwenden wir für die Speicherung der Objekte ein Feld, dessen Größe dynamisch an die Anzahl der Daten angepaßt wird. Für die Implementierung dieser Datenstruktur und aller Operationen, die für die sequentielle Suche benötigt werden, definieren wir eine Klasse *SeqSearchVector*:

```
import java.util.*;
import java.lang.*;
import SuchCondition;
public class SeqSearchVector {
   private Object data[];
   private int n;
   private SuchCondition sc;
   public SeqSearchVector(int initialSize,
      SuchCondition cond){
         data=new Object[initialSize];
         n=0;
         sc=cond;
      }
   public SeqSearchVector(SuchCondition cond){
      data=new Object[10];
      n=0;
      sc=cond;
   }
```

6.2 Sequentielles Suchen

```
  public int size() {
    return n;
  }
  public Object getElemAt(int index)  {
    return data[index];
  }
  ... //hier folgen weitere Methoden
}
```

Diese Klasse hat drei Instanzvariablen. Die Variable *data* speichert alle Objekte. Die Anzahl dieser Objekte wird in der Variablen *n* gespeichert, da die Größe des Feldes *data* größer sein kann, als die Anzahl der Daten - mehr dazu später. Die Variable *sc* speichert die Suchbedingung.

Mit jedem der beiden Konstruktoren kann eine Instanz der Klasse SeqSearchVector erzeugt werden. Beide Konstruktoren erfordern die Angabe der Suchbedingung, die dann intern in der Variablen *sc* gespeichert werden. Selbstverständlich wird die Anzahl der Daten im Konstruktor auf den Wert Null gesetzt (n=0). Bei dem ersten Konstruktor kann eine Mindestgröße des Datenfelds *data* angegeben werden. Dies ist vor allem dann nützlich, wenn man ungefähr weiß, vieviele Daten man erwartet. Ist dies nicht bekannt, kann man den zweiten Konstruktor verwenden. Die Angabe der Anfangsgröße kann die Performanz beim Einfügen der Datensätze erhöhen - weitere Auswirkungen hat dies nicht.

Mit der Methode *size* kann man die Anzahl der gespeicherten Daten auslesen und mit der Methode *getElemAt* ein Objekt an der Position index auslesen.

Betrachten wir nun die Methode *add*, mit der man Datensätze einfügen kann:

```
public int add(Object elem)   {
  Object tempData[];
  if( n==data.length) {
    //Datenfeld muß vergrößert werden
    //neues temporäres Feld konstruieren
    tempData=new Object[(int)((n+1)*1.4)+2];
    //Daten aus data in tempData kopieren
    for(int i=0;i<n;i++) {
      tempData[i]=data[i];
    }
```

6 Einfache Suchmethoden

```
        data=tempData;
    }
    data[n]=elem;
    n=n+1;
    return n-1;
}
```

Als erstes wird getestet, ob die Anzahl der Daten mit der Größe des Feldes *data* übereinstimmt - mit anderen Worten, ob dieses Feld voll ist. Ist dies der Fall, so muß dieses vergrößert werden. Dazu wird temporär ein neues Feld *tempData* konstruiert, das circa 40% größer ist. Sie werden sich wahrscheinlich fragen, warum wir das Feld gleich um 40% vergrößern und nicht nur um ein weiteres Element. Der Grund dafür ist: Performanz. Das Vergrößern eines Feldes ist relativ aufwendig. Wenn wir ein Feld gleich um 40% vergrößern, können wir anschließend eine Reihe von Datensätzen einfügen, ohne daß wir das Feld dabei vergrößern müssen. Wir erzeugen quasi eine Pufferzone, mit der wir eine gewisse Zeit leben können. Dieses Verfahren wird übrigens durchgängig bei dynamischen Smalltalk- oder C++-Feldern verwendet und hat sich bestens bewährt. Nun - wie Sie sehen, ist es kein besonders großes Problem, so etwas ähnliches in Java zu realisieren. Nun verstehen Sie auch, warum wir die Anzahl der gespeicherten Daten mit einer Instanzvariablen *n* verwalten müssen.

Nachdem wir also ein größeres Feld tempDate konstruiert haben, müssen die Daten in dieses Feld umkopiert werden. Dies erfolgt mittels einer For-Schleife. Zum Schluß weisen wir das Feld *tempData* der Instanzvariablen *data* zu. Auf diese Weise wird das alte Feld *data* gelöscht, da nun keine Referenzen mehr darauf bestehen und es deshalb vom Garbage-Collector aus dem Speicher entfernt wird.

Nachdem also das Feld *data* gegebenenfalls vergrößert wurde, kann das neue Datenelement an der Position *n* eingefügt werden. Anschließend muß dann nur noch die Anzahl der Daten *n* um Eins inkrementiert werden. Die Methode liefert den Index der Einfügeposition.

Als nächstes betrachten wir die Suchmethode *find:*

```
public int find(Object elem,int index) {
    while (!sc.isEqual(data[index],elem)){
        index=index+1;
        if(index==n) break;
```

```
    }
    return index;
}
```

Diese Methode ist recht einfach aufgebaut. Betrachten wir zunächst einmal ihre Argumente. Neben dem zu suchenden Objekt *elem* wird noch ein Startindex *index* erwartet. Wozu dient dieser Startindex? Nun, wenn wir das erste Mal das Feld nach dem Objekt *elem* durchsuchen, setzen wir den Startindex auf eins. Die Suche startet dann am Feldanfang. Wird der Schlüssel gefunden, wird der Index des gefundenen Datensatzes zurückgegeben und zwar sowohl als Rückgabewert der Methode als auch in der Variablen *index*. Inkrementieren wir nun den Wert von *index* um eins und rufen die Methode *find* erneut auf, wird die Suche hinter dem bereits gefundenen Datensatz fortgesetzt. Auf diese Weise kann man alle Datensätze zu einem gegebenen Schlüssel *elem* finden und nicht nur den ersten. Unser Suchverfahren kann daher auch mit der Situation umgehen, daß mehrere Datensätze den gleichen Schlüssel enthalten. Wird ein Element nicht gefunden, wird als Index der Wert von *n* zurückgegeben.

Interessant ist noch das Löschen von Datensätzen mit einem bestimmten Schlüssel. Um diese Funktion zu implementieren, benötigen wir zunächst eine private Methode *deleteElementAt*, die ein Element mit einem bestimmten Index aus dem Datenfeld entfernt:

```
private void deleteElementAt(int index) {
    int i;
    if(index <n) {
        //nach links schieben
        for(i=index+1;i<n;i++) data[i-1]=data[i];
        data[n-1]=null;
        n=n-1;
    }
}
```

Diese Methode verschiebt mittels einer For-Schleife alle Datensätze hinter dem zu entfernenden Datensatz um eine Position nach vorne. Anschließend wird noch die Anzahl der Datensätze um eins dekrementiert.

6 Einfache Suchmethoden

Mit dieser Methode ist das Löschen eines Datensatzes mit einem bestimmten Schlüssel sehr einfach: wir suchen den Index des betroffenen Datensatzes mit der Methode *find* und löschen das Datenelement dann mit der Funktion *deleteElementAt*:

```
public int remove(Object elem,int index) {
  index=find(elem,index);
  deleteElementAt(index);
  return index;
}
```

Auch dieseMethode *remove* erfordert als letzten Parameter die Angabe eines Startindexes. Ähnlich wie bei der Funktion *find* kann man damit alle Datensätze mit einem bestimmten Schlüssel sukzessive löschen. Allerdings darf man den Index zwischen zwei Aufrufen nicht wie beim Suchen mehrerer Datensätze mit gleichem Schlüssel inkrementieren, da das Entfernen eines Datensatzes den gleichen Effekt wie eine Weiterpositionierung hat: alle Datensätze hinter dem gelöschten Datensatz rutschen um Eins nach vorne.

Will man die Datensätze sortiert ausgeben, so muß man eines der in Kapitel 4 oder 5 beschriebenen Sortierverfahren verwenden. Für eine sortierte Ausgabe ruft man dann einfach das Sortierverfahren auf und kann dann anschließend die Datensätze auslesen. Dazu muß lediglich die Methode *isGreaterThan* der Interface-Klasse *SuchCondition* so implementiert werden, daß sie die Schlüssel der jeweiligen Objekte vergleicht.

Eine andere Möglichkeit besteht darin, die Datensätze so einzufügen, daß das Datenfeld immer sortiert ist. Allerdings ist in diesem Fall das Einfügen eines neuen Datensatzes recht aufwendig: zuerst muß die richtige Einfügeposition bestimmt werden und anschließend müssen alle Datenelemente rechts von der Einfügestelle um eins nach rechts verschoben werden. Daher wollen wir von der Implementierung einer solchen *Insert*-Funktion absehen. Eine einfachere Möglichkeit ist, nach jedem Einfügen eines neuen Datensatzes das Insertion-Sort-Verfahren aufzurufen.

6.2.2 Eigenschaften

Die wesentlichen Eigenschaften des sequentiellen Suchens lassen sich auch ohne mathematische Analyse leicht erfassen:

- Das **Einfügen von Datensätzen** erfolgt in konstanter Zeit unabhängig von der Anzahl der bereits existierenden Datensätze. Dies ergibt sich unmittelbar aus der Tatsache, daß die Datensätze immer an das Feldende angehängt werden. Lediglich dann, wenn das Feld vergrößert werden muß, ist ein höherer Aufwand notwendig.

- Die *sequentielle Suche* benötigt immer N+1 Vergleiche für eine erfolglose Suche und im Durchschnitt ungefähr N/2 Vergleiche für eine erfolgreiche Suche. Dies ist einleuchtend, da im erfolglosen Fall das ganze Feld durchsucht wird. Ist der Schlüssel vorhanden, so ist die Anzahl der Vergleiche von der Position abhängig, auf der sich der zu suchende Datensatz befindet. Wird jeder Datensatz mit der gleichen Wahrscheinlichkeit gesucht, so ist die durchschnittliche Anzahl der Vergleiche eben N/2.

- Das **Löschen eines Datensatzes** mit einem bestimmten Schlüssel erfordert N+1 Vergleiche, falls der Datensatz nicht vorhanden ist. Ist der Datensatz vorhanden, so sind N/2 Vergleiche im Durchschnitt erforderlich. Wird ein Datensatz gefunden, so sind außerdem noch N/2 Operationen im Durchschnitt erforderlich, um den Datensatz zu löschen.

6.2.3 Ein praktisches Beispiel

Damit Sie sich eine Vorstellung von der Anwendung der oben beschriebenen Funktionen und Unterprogramme machen können, finden Sie auf der Diskette ein Testprogramm SeqSearchTest. Die Abbildung 6.1 zeigt das Fenster dieser Testanwendung. In der Listbox auf der linken Seite wird der Inhalt des Feldes angezeigt. In dem Texteingabefeld in der Mitte oben kann ein Schlüssel eingegeben werden. Durch Betätigen des Suchen-Buttons wird dieser Schlüssel im Feld gesucht, und alle gefundenen Einträge werden in der Listbox selektiert (Abbildung 6.2). Durch Betätigen des Löschen-Buttons werden alle Einträge, deren Schlüssel mit dem eingegeben übereinstimmen, gelöscht (Abbildung 6.3). Das Feld wird beim Programmstart mit zufälligen Testdaten gefüllt, Sie können aber durch Eingabe einer ganzen Zahl im Textfeld und durch Betätigung des Insert-Buttons weitere Daten einfügen.

6 Einfache Suchmethoden

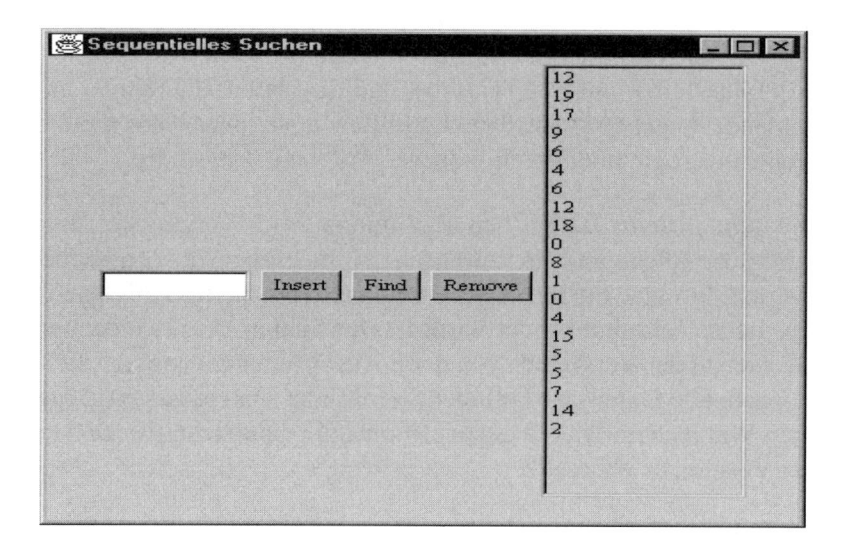

Abb. 6.1: Dialogfenster eines Testprogramms zur sequentiellen Suche

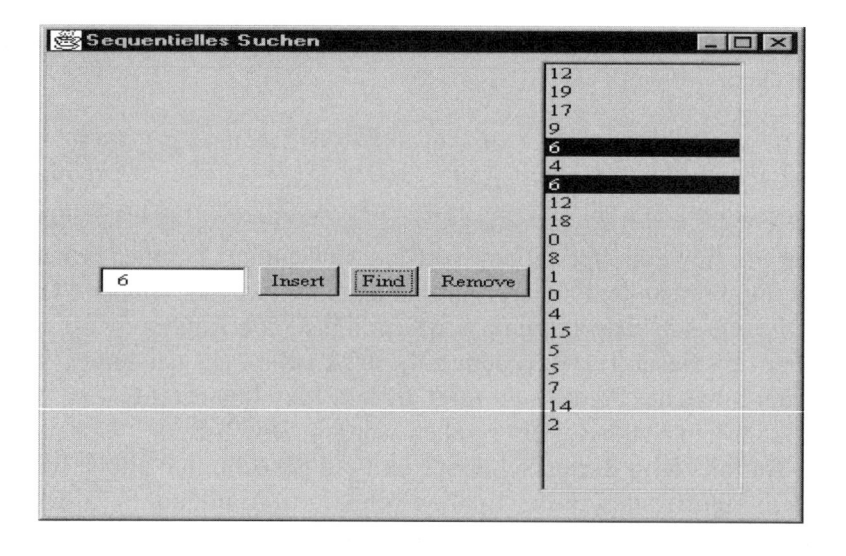

Abb. 6.2: Suchen nach einem Schlüssel: Anzeige der gefundenen Datensätze

Betrachten wir nun die "inneren Werte" dieses kleinen Testprogramms. Zunächst die Definition der Klasse *SeqSearchTest*:

6.2 Sequentielles Suchen

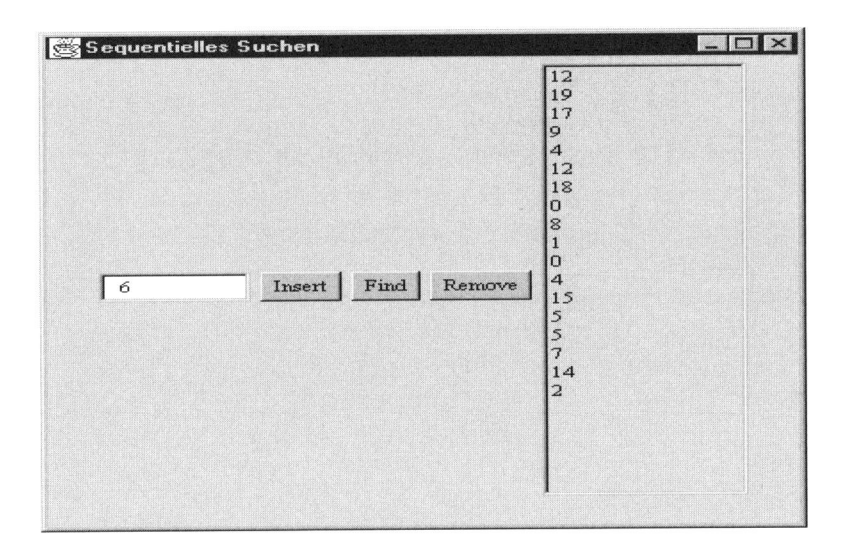

Abb. 6.3: Feldinhalt nach Löschen aller Datensätze mit dem Schlüssel "6"

```
import SeqSearchVector;
import java.awt.*;
import java.lang.*;
import java.util.*;

public class SeqSearchTest extends Frame
   implements SuchCondition {
   List liste;
   SeqSearchVector svec;
   TextField text;

   SeqSearchTest(String titel) {
   ...
   }
   ... //weitere Methoden

   public static void main(String argv[]){
      SeqSearchTest appl= new
         SeqSearchTest("Sequentielles Suchen");
         appl.searchTest();
   }
```

6 Einfache Suchmethoden

```
    private void rndInitSuchArray(){
      Random rnd=new Random(1234);
      for(int i=0;i<20;i++){
        svec.add(new
           Integer((int)(20*rnd.nextDouble())));
      }
    }

    public boolean isGreaterThan(
      Object o1, Object o2) {
         Integer i1 = (Integer) o1;
         Integer i2 = (Integer) o2;
         return (i1.intValue() <i2.intValue());
    }
    public boolean isEqual(
      Object o1, Object o2) {
         Integer i1 = (Integer) o1;
         Integer i2 = (Integer) o2;
         return (i1.intValue() ==i2.intValue());
    }
  }
}
```

Das obige Listing zeigt erst einmal nur den Rahmen der Klasse mit den Instanzvariablen, dem Interface des Konstruktors, sowie der Main-Funktion, einer Methode um den Suchvektor *svec* mit zwanzig Zufallszahlen zu füllen, und den beiden Methoden, die die Interface-Klasse implementieren. Bei den Instanzvariablen handelt es sich um eine Instanz der Klasse *SeqSearchVec* und je einer Instanz einer Listboxklasse und einer Texteingabefeldklasse. In der Main-Funktion wird eine Instanz der Klasse *SeqSearchTest* erzeugt und dann eine Methode *searchTest* dieser Klasse aufgerufen, auf die wir noch zu sprechen kommen.

Im Konstruktor der Klasse *SeqSearchTest* wird im wesentlichen das Hauptfenster der Anwendung mit einer darin befindlichen Listbox, einem Texteinagbefeld sowei drei Buttons erzeugt.

```
SeqSearchTest(String titel) {
   super(titel);
   setLayout(new FlowLayout());
```

```
      liste=new List(20,false);
      liste.setMultipleSelections(true);
      add(liste);
      text=new TextField(10);
      add(text);
      add(new Button("Insert"));
      add(new Button("Find"));
      add(new Button("Remove"));
      resize(400,350);
      show();
    }
```

Zum Schluß wird die Methode *show* aufgerufen, die das konstruierte Fenster am Bildschirm anzeigt. Das folgende Listing zeigt die Implementierung der Methode searchTest:

```
public void searchTest() {
   svec=new SeqSearchVector(2,this);
   rndInitSuchArray();
   showSVec();
}
```

In dieser Methode wird eine Instanz der Klasse *SeqSearchVec* konstruiert und anschließend durch Aufruf der Methode *rndInitSuchArray* mit Werten gefüllt. Zum Schluß wird die Methode *showSVec* aufgerufen, die den Inhalt des Suchvektors in der Listbox anzeigt:

```
void showSVec() {
   int i;
   liste.clear();
   for(i=0;i<svec.size();i++){
     liste.addItem(svec.getElemAt(i).toString());
   }
}
```

Die folgenden beiden Methoden dienen dazu aus den einlaufenden Events die richtigen auszufiltern und die passende private Methde der Klasse SeqSearchTest aufzurufen (Achtung: Stand AWT 1.02!):

```
public boolean action(Event e, Object arg) {
   if(e.target instanceof Button)
      buttonClicked((String) arg);
```

```
      return true;
}

private void buttonClicked(String arg) {
   if(arg.equals("Insert"))
      insertButtonClicked();
   if(arg.equals("Remove"))
      removeButtonClicked();
   if(arg.equals("Find"))
      findButtonClicked();
}
```

Bei Betätigung des "Insert-Buttons" wird daher folgende Methode *insertButtonClicked* aufgerufen:

```
private void insertButtonClicked() {
   Integer elem=new Integer(5);
   String str=text.getText();
   elem=Integer.valueOf(str);
   svec.add(elem);
   showSVec();
}
```

Der Inhalt des Texteingabefeldes wird ausgelesen, in eine ganze Zahl umgewandelt und in den Suchvektor eingefügt. Anschließend wird der Inhalt des Vektors in der Listbox aktuell angezeigt.

Durch Betätigung des "Find"-Buttons wird die Methode *findButtonClicked* aufgerufen:

```
private void findButtonClicked() {
   Integer elem=new Integer(5);
   int index;
   int n=svec.size();
   String str=text.getText();
   elem=Integer.valueOf(str);
   index=0;
   for(int i=0;i<n;i++) liste.deselect(i);
   while(index <n) {
      index=svec.find(elem,index);
      if(index <n) liste.select(index);
```

```
      index=index+1;
   }
}
```

Als erstes wird der Inhalt des Textfeldes ausgelesen und in eine ganze Zahl umgewandelt. Anschließend werden alle Selektionen in der Listbox gelöscht. Anschließend werden in einer While-Schleife alle Datensätze gesucht, die mit dem eingelesenen Objekt übereinstimmen. Dazu wird die Methode *find d*es Vektors *svec* verwendet. Um alle Datensätze zu einem Schlüssel zu finden, wird die Variable *index* verwendet, die als Parameter mit übergeben wird. Die Variable *index* wird zunächst mit dem Wert Null initialisiert, so daß das Feld von Anfang an durchsucht wird. Wenn ein Datensatz gefunden wird, wird dieser in der Listbox selektiert. Dann wird die Variable *index* um eins inkrementiert und die Suche fortgesetzt. Wenn die Variable *index* größer gleich der Anzahl der Datensätze (Variable *n*) ist, wird die Suche abgebrochen.

In ähnlicher Weise werden Datensätze beim Betätigen des "Remove"-Buttons gelöscht:

```
private void removeButtonClicked() {
   Integer elem=new Integer(5);
   String str=text.getText();
   int index=0;
   elem=Integer.valueOf(str);
   while(index <svec.size()) {
      index=svec.remove(elem,index);
   }
   showSVec();
}
```

Beachten Sie, daß in diesem Fall die Variable index innerhalb der While-Schleife nicht inkrementiert werden darf, da durch das Löschen eines Elements die nachfolgenden Elemente um eine Position nach vorne rutschen.

6.3 Binäres Suchen

Eine wesentliche Verkürzung der Suchzeiten - vor allem bei sehr vielen Datensätzen - wird mittels binärem Suchen erreicht. Dieses Verfahren beruht wie Quicksort auf dem Prinzip "teile und herrsche": Man teilt die Menge der Datensätze in zwei Hälften und bestimmt die Hälfte, die den gesuchten Schlüssel enthält. Anschließend verfährt man mit dieser Hälfte nach dem gleichen Schema, bis man den gesuchten Schlüssel bestimmt hat

6.3.1 Implementierung

Damit dieses Schema möglichst effizient abläuft, müssen die Datensätze als erstes sortiert werden beziehungsweise bereits sortiert vorliegen. Um die Datensätze zu sortieren, ruft man nach dem Einfügen der Datensätze zuerst die Sortiermethode der Klasse *BinSearchVector* auf. Die Klasse *BinSearchVector* stimmt mit der Klasse *SeqSearchVector* in vielen Punkten überein, so daß wir im folgenden nur die Methoden besprechen, die sich unterscheiden. Die Sortiermethode der Klasse *BinSearchVector* verwendet Quicksort:

```
public void sort() {
   SortArray.QuickSort(sc,data,n);
}
```

Diese Sortiermethode ist sehr einfach. Die find-Methode ist allerdings komplizierter. Wie schon oben ausgeführt, erfolgt die Suche mittels rekursiver Zerlegung des gesamten Vektors in Teilstücke, in denen die Suche solgange fortgesetzt wird, bis entweder der Schlüssel gefunden wird, oder sicher ist, daß der Schlüssel nicht enthalten ist.

Die Zerlegung erfolgt mit Hilfe von Feldindizes, welche das Teilstück begrenzen, das gerade bearbeitet wird. Die Suche wird nun wie folgt durchgeführt: man vergleicht den gesuchten Schlüssel k mit dem Element in der Feldmitte. Wenn der Schlüssel k kleiner ist als dieses Element, muß sich das gesuchte Datenelement in der ersten Feldhälfte befinden, ansonsten in der zweiten Feldhälfte. Diese Prozedur wendet man nun rekursiv an. Dieses Verfahren kann man auch leicht nichtrekursiv formulieren. Dies führt dann zu der folgenden Implementierung der Methode *find* in der Klasse *binSearchVector*:

6.3 Binäres Suchen

```
public int find(Object elem) {
   int index;
   int l,r;
   int pos;
   l=1;
   r=n-1;
   pos=n;
   do {
      index=(l+r)/2;
      if(sc.isGreaterThan(elem,data[index])) {
         r=index-1;
      } else
      {
         l=index+1;
      }
      if (index <0) break;
      if(sc.isEqual(data[index],elem)) break;
   } while (l <=r);
   if(sc.isEqual(data[index],elem)) pos=index;
   return pos;
}
```

Wie auch schon bei dem Quicksort-Verfahren werden die Variablen *l* und *r* als Zeiger auf den Anfang bzw. das Ende der jeweils untersuchten Teildatei verwendet. Bei jedem Schleifendurchlauf wird die Variable *index* so gesetzt, daß sie auf den Mittelpunkt der Teildatei zeigt. Nun gibt es drei Möglichkeiten: Entweder wird die Suche erfolgreich abgebrochen, oder es muß in der linken Hälfte bzw. in der rechten Hälfte weitergesucht werden. Im zweiten Fall muß der Wert der Variablen *r* durch den Wert *index-1* ersetzt werden und im dritten Fall der Wert der Variablen *l* durch den Wert *index+1*. Wie auch bei der sequentiellen Suche wird bei einer erfolglosen Suche der Wert *n* zurückgegeben.

Ihnen ist sicherlich aufgefallen, daß die oben abgedruckte Funktion keinen zweiten Parameter index wie die *find*-Methode der Klasse *SeqSearchVector* aufweist. Dieser Parameter wurde benötigt, um bei der sequentiellen Suche alle Datensätze mit gleichem Schlüssel zu finden, indem man ausgehend von dem ersten aufgefundenen Datensatz sequentiell weitersuchte. Leider ist dies in dieser Form bei der binären Suche nicht durchführbar. Dies läßt sich wie folgt erklären: Zuerst einmal liegen bei der binären Suche alle Datensätze sortiert vor. Dies bedeutet, daß alle Datensätze mit gleichem Schlüssel dicht in einem "Paket" zusammenliegen. Bei der binären Suche wird nun irgendein Datensatz in diesem "Paket" gefunden. Dies kann der erste, der letzte oder irgendeiner aus der Mitte dieses Pakets sein. Um nun alle anderen Datensätze mit dem gleichen Schlüssel zu finden, muß man nun ausgehend von dem zuerst aufgefundenen Datensatz sowohl nach oben als auch nach unten sequentiell weitersuchen. Da alle Datensätze mit gleichem Schlüssel dicht aneinanderliegen, ist es sinnvoll, für diese Weitersuche nach oben und nach unten spezielle Funktionen zu implementieren. Die Weitersuche kann sofort beendet werden, wenn ein Datenelement mit einem anderen Schlüssel gefunden wird.

Für die Weitersuche nach oben kann man folgende Methode der Klasse *BinSearchVector* verwenden:

```
public int upSearch(Object elem, int index)
{
   if(index <n-1) {
      index=index+1;
      if(!sc.isEqual(data[index],elem)) index=n;
   } else {
      index=n;
   }
   return index;
}
```

Diese Methode ist sehr einfach aufgebaut: Der übergebene Index wird um eins inkrementiert. Stimmt der Schlüssel des Datenelements mit diesem neuen Index überein, wird dieser zurückgegeben, andernfalls der Wert *n+1*. Ganz ähnlich sieht die Funktion *downSearch* aus, die weitere Datenelemente mit gleichem Schlüssel nach unten sucht:

```
public int downSearch(Object elem, int index) {
   if((index <n)&&(index >0)) {
      index=index-1;
      if(!sc.isEqual(data[index],elem)) index=n;
   } else {
      index=n;
   }
   return index;
}
```

6.3 Binäres Suchen

Wie werden diese Funktionen nun genutzt, um alle Datensätze mit gleichem Schlüssel zu finden? Um diese Frage zu beantworten, schreiben wir uns wieder ein kleines Testprogramm. Sie finden es auf der beiliegenden CD unter dem Namen "BinSearchTest.java". Das Dialogfenster dieses Testprogramms stimmt mit dem Dialogfenster des Testprogramms für die sequentielle Suche (Abbildung 6.1) weitgehend überein. Die Initialisierung des Suchfeldes unterscheidet sich etwas von dem vorhergehenden Testprogramm, da nach dem Füllen des Datenfeldes vor der Suche noch mit Quicksort sortiert werden muß. Zuerst wird daher das Datenfeld wie bei der sequentiellen Suche gefüllt und anschließend sortiert:

```
public void searchTest() {
   svec=new BinSearchVector(2,this);
   rndInitSuchArray();
   rndInitSuchArray();
   svec.sort();
   showSVec();
}
```

Die Suche erfolgt durch Eintragen eines Schlüssels in das Texteingabefeld und Anklicken des "Find"-Buttons:

```
private void findButtonClicked() {
   Integer elem=new Integer(5);
   int index;
   int firstindex;
   int n=svec.size();
   String str=text.getText();
   elem=Integer.valueOf(str);
   index=0;
   for(int i=0;i<n;i++) liste.deselect(i);
   firstindex=svec.find(elem);
   index=firstindex;
   if(index <n) liste.select(index);
   while(index <n) {
      // nach oben weitersuchen
      index=svec.upSearch(elem,index);
      if(index <n) liste.select(index);
   }
   index=firstindex;
   while(index <n) {
```

6 Einfache Suchmethoden

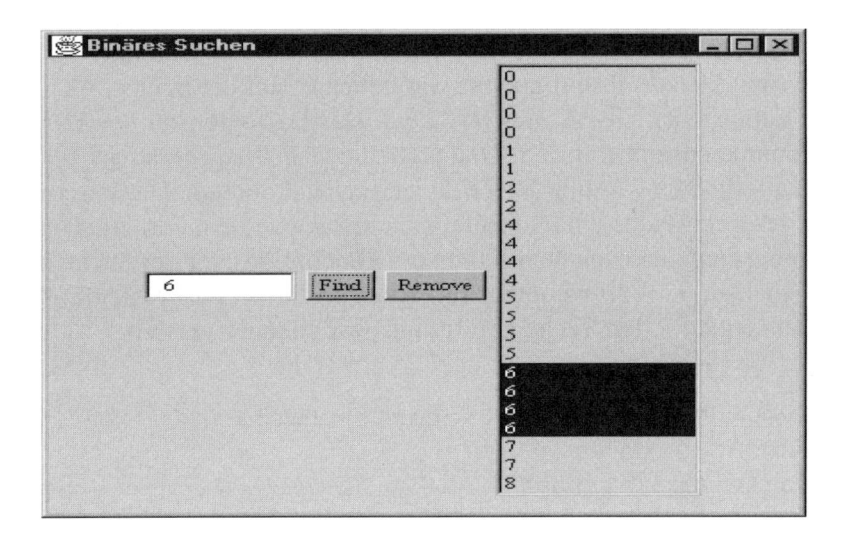

[Screenshot: Fenster "Binäres Suchen" mit Eingabefeld "6", Buttons "Find" und "Remove", sowie Listbox mit Werten 0,0,0,0,1,1,2,2,4,4,4,4,5,5,5,5,6,6,6,6,7,7,8 (die Einträge mit Wert 6 sind selektiert)]

Abb. 6.4: Binäres Suche nach einem Schlüssel: Anzeige der gefundenen Datensät-

```
      // nach unten weitersuchen
      index=svec.downSearch(elem,index);
      if(index <n) liste.select(index);
   }
}
```

Nachdem ein Wert eingelesen wurde, werden in der Listbox alle Einträge deselektiert. Anschließend wird nach dem Schlüssel mit der Funktion *find* gesucht. Wird ein passender Datensatz gefunden, wird er in der Listbox selektiert. Sein Index wird in der Variablen *firstindex* gespeichert. Ausgehend von dieser Position werden jetzt mit der Funktion *upSearch* weitere Datensätze mit dem gleichen Schlüssel und größerem Index als *firstIndex* gesucht und in der Listbox selektiert. In der nächsten While-Schleife werden dann mit der Funktion *downSearch* alle Datensätze mit gleichem Schlüssel gesucht, deren Index kleiner als firstIndex ist. Die Abbildung 6.4 zeigt das Ergebnis einer Suche nach dem Schlüssel "6".

Das Löschen von Datensätzen ist ebenfalls etwas komplizierter als beim sequentiellen Suchen. Die einfachste Lösung besteht darin, zuerst mittels binärer Suche einen passenden Datensatz zu finden. Ausgehend von dessen Position wird solange nach weiteren passenden Datensätzen in absteigender Richtung gesucht, bis man den ersten Datensatz mit diesem

6.3 Binäres Suchen

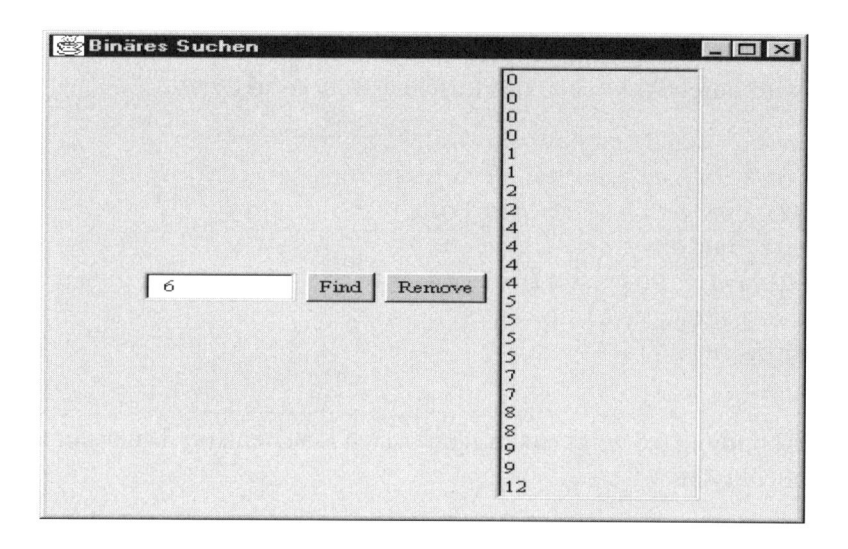

Abb. 6.5: Feldinhalt nach Löschen aller Datensätze mit dem Schlüssel "6"

Schlüssel gefunden hat. Auf dieser Position löscht man nun sukzessive alle Datensätze mit dem gegebenen Schlüssel. Dazu verwendet man die folgende Funktion *removeAll* der Klasse *BinSearchVector*:

```
public void removeAll(Object elem) {
   int index;
   int firstindex;
   firstindex=find(elem);
   index =firstindex;
   while (index <n){//ersten index finden
      index=downSearch(elem,index);
      if(index <n) firstindex=index;
   }
   // nun alle Datensätze löschen
   index=firstindex;
   while((index <n)
         &&sc.isEqual(data[index],elem))){
      deleteElementAt(index);
   }
}
```

6 Einfache Suchmethoden

Die ganze Prozedur zum Löschen aller Datensätze zu einem gegebenen Schlüssel ist beispielhaft in dem erwähnten Testprojekt implementiert und wird durch Anklicken des Löschen-Buttons aktiviert:

```
private void removeButtonClicked() {
   Integer elem=new Integer(5);
   String str=text.getText();
   int index=0;
   elem=Integer.valueOf(str);
   svec.removeAll(elem);
   showSVec();
}
```

Die Abbildung 6.5 zeigt das Ergebnis nach Löschen aller Datensätze mit dem Schlüssel "6".

6.3.2 Eigenschaften

Die wesentlichen Eigenschaften des binären Suchens lassen sich auch ohne mathematische Analyse leicht erfassen:

- Das **Einfügen von Datensätzen** ist aufwendig. Eine Möglichkeit besteht darin, die Datensätze immer an die korrekte Position einzufügen. Dazu muß man mittels sequentieller oder binärer Suche die korrekte Einfügeposition bestimmen und alle nachfolgenden Datensätze um eine Position nach hinten verschieben. Dies erfordert im Mittel N/2 Operationen. Eine andere Möglichkeit, die bei vielen einzufügenden Datensätzen effizienter ist, besteht darin, zuerst alle neuen Datensätze an das Feldende anzufügen und dann Quicksort oder noch besser Insertion-Sort aufzurufen, um das Feld neu zu sortieren. Die binäre Suche sollte jedoch besser nur in Situationen verwendet werden, die kein häufiges Einfügen von Datensätzen erfordern.

- Die *binäre Suche* benötigt niemals mehr als lgN +1 Vergleiche für eine erfolglose oder erfolgreiche Suche. Diese Eigenschaft folgt direkt aus der Tatsache, daß bei jedem Suchschritt die Anzahl der Datensätze mindestens halbiert wird. Daher ist die obere Schranke der Zweierlogarithmus der Anzahl N der Datensätze.

- Das **Löschen eines Datensatzes** mit einem bestimmten Schlüssel erfordert lgN+1 Vergleiche - gleichgültig, ob der Datensatz existiert oder nicht. Wird ein Datensatz gefunden, so sind außerdem noch N/2 Operationen im Durchschnitt erforderlich, um den Datensatz zu löschen. Bei M Datensätzen mit gleichem Schlüssel sind M*(N/2+1) Operationen erforderlich.

6.4 Interpolationssuche

Die binäre Suche ist sehr effizient. Bei 1.000.000 Datensätzen werden maximal 21 Vergleiche benötigt, um einen Datensatz zu finden. Trotzdem kann man die binäre Suche noch effizienter gestalten. Eine mögliche Verbesserung besteht darin, genauer zu erraten, wo sich der gesuchte Datensatz innerhalb der aktuellen Teildatei befindet, statt wie bei der binären Suche einfach das mittlere Element zu wählen. Sucht man beispielsweise in einem Wörterbuch ein Wort, das mit D beginnt, schlägt man es weiter vorne auf, wenn das Wort jedoch mit einem S beginnt, weiter hinten. Dieses Verfahren wird *Interpolationssuche* genannt.

Bei der binären Suche wurde die neue Position für die Suche mit der Anweisung

```
index = (l+r)/2
```

berechnet. Wenn man nun den Faktor 1/2 in dieser Formel durch eine Schätzung ersetzt, die angibt, wo sich der Schlüssel innerhalb des Intervalls (l,r) befindet, kann man erwarten, daß die Suche deutlich beschleunigt wird. Die einfachste Form einer Schätzung ist die sogenannte Linearinterpolation, bei der die wahrscheinliche Position mittels einer linearen Interpolation zwischen den beiden Intervallgrenzen mit dem Ausdruck

```
index = l + (k - a[l]) *
    (r - l) / (a[r] - a[l])
```

ermittelt wird. Eine solche Schätzung setzt selbstverständlich voraus, daß die Schlüsselwerte gleichverteilt sind. Außerdem setzt eine solche Interpolation voraus, daß man Distanzen zwischen zwei verschiedenen Schlüsseln berechnen kann. Wenn die Schlüssel ganze Zahlen sind, ist

6 Einfache Suchmethoden

dies kein Problem, bei Strings als Schlüssel sieht das aber schon ganz anders aus. Dies schränkt den Einsatzbereich der Interpolationssuche deutlich ein.

Um die Interpolationssuche zu implementieren, benötigwen wir eine neue Interface-Klasse. Der Grund dafür ist, daß wir für die Implentierung der obigen Formel die Differenz zwischen zwei Objekten berechnen müssen. Dazu definieren wir als erstes eine neue Interface-Klasse *IntpolSuchCondition* als Unterklasse von *SuchCondition*:

```
import SuchCondition;
public interface IntpolSuchCondition extends
   SuchCondition{
   public abstract int difference(
      Object obj1,Object obj2);
}
```

Die folgende Methode der Klasse *IntpolSearchTest* zeigt die Implementierung dieser Methode für ganze Zahlen:

```
public int difference(Object o1,Object o2) {
   Integer i1 = (Integer) o1;
   Integer i2 = (Integer) o2;
   return i1.intValue()-i2.intValue();
}
```

Eine vollständige Implementierung der Interpolationssuche für ganzzahlige Schlüssel unterscheidet sich nicht sehr von dem binären Suchen:

```
public int find(Object elem) {
   int index=0;
   int l,r;
   int pos;
   int diff;
   int anzLoops=0;
   int maxLoops =30; // Log(maxint)/Log(2)
   l=1;
   r=n-1;
   pos=n;
   do {
      diff=(sc.difference(data[r],data[l]));
      if(diff==0) break;
```

```
        }
        index=l+(sc.difference(elem,data[l]))
              *(r-l)/diff;
        if(( index <0) || (index >=n)) return n;
        if(sc.isGreaterThan(elem,data[index])) {
           r=index-1;
        } else{
           l=index+1;
        }
        if (index <0) break;
        if(sc.isEqual(data[index],elem)) break;
        anzLoops++;
        if(anzLoops >maxLoops)
           return n; //Object existiert nicht
    } while (l <=r);
    if(sc.isEqual(data[index],elem)) pos=index;
    return pos;
}
```

Die Abbruchbedingungen sind allerdings bei der Interpolationssuche komplizierter. Wenn die Differenz *diff* gleich Null ist, muß die Suche abgebrochen werden. Entweder sind im betrachteten Bereich alle EIntrgäe indentisch, oder das gesuchte Objekt existiert nicht. Wenn der berechnete Index außerhalb der gültigen Feldgrenzen liegt, existiert das gesuchte Objekt nicht. Wenn das Objekt gefunden wurde, muß die Schleife ebenfalls abgebrochen werden.

Ein spezielles Problem der Interpolationssuche ist, daß die Schleife bei nicht existierenden Objekten nicht immer eine dieser Abbruchbedingungen erfüllt. In einem solchen Fall würde die Schleife endlos laufen. Daher wird ein Zähler *anzLoops* mitgeführt. Überschreitet dieser Zähler den Wert *maxLoops* wird die Schleife abgebrochen und die Methode gibt den Wert n zurück (= nicht gefunden). Als Wert von *maxLoops* wurde der Zweierlogarithmus der größten Integerzahl gewählt. Falls Sie weniger Daten maximal speichern wollen, können Sie diesen Wert verkleinern.

Mit Ausnahme der find-Methode sind alle anderen Methoden der Klasse *IntpolSearchVector* identisch mit der Klasse *BinSearchVector*. Wenn es mehrere Datensätze mit gleichem Schlüssel gibt, kann man daher alle ganz analog wie bei der binären Suche finden, wie die Funktion *findButtonClicked* in der Klasse *IntpolSearchTest* veranschaulicht:

6 Einfache Suchmethoden

```
private void findButtonClicked() {
   Integer elem=new Integer(5);
   int index;
   int firstindex;
   int n=svec.size();
   String str=text.getText();
   elem=Integer.valueOf(str);
   index=0;
   for(int i=0;i<n;i++) liste.deselect(i);
   firstindex=svec.find(elem);
   index=firstindex;
   if(index <n) liste.select(index);
   while(index <n) {
      // nach oben weitersuchen
      index=svec.upSearch(elem,index);
      if(index <n) liste.select(index);
   }
   index=firstindex;
   while(index <n) {
      // nach unten weitersuchen
      index=svec.downSearch(elem,index);
      if(index <n) liste.select(index);
   }
}
```

Auch das Löschen von Datensätzen erfolgt analog dem Löschen von Datensätzen mittels binärer Suche.

Die Leistungsfähigkeit des Interpolationssuchverfahrens ist bei annähernd gleichverteilten Schlüsseln sehr hoch und die Laufzeit ist etwa proportional zu lg(lg N), unabhängig davon, ob der Schlüssel existiert oder nicht. Dieser Wert ändert sich in Abhängigkeit von N so langsam, daß er in erster Näherung als konstant betrachtet werden kann. Dies bedeutet, daß man mittels Interpolationssuche einen beliebigen Schlüssel in (annähernd) konstanter Zeit finden kann - unabhängig von der Datenmenge.

6.5 Vergleich der Suchverfahren

Damit wir uns ein Bild von der Leistungsfähigkeit der vorgestellten Suchverfahren machen können, schreiben wir uns wieder ein Benchmarkprogramm. Dieses ist ähnlich aufgebaut wie die Benchmarkprogramme zum Sortieren von Daten. Der Name der Klasse ist "SearchBench".

Wie bei den Sortierverfahren wollen wir die Effizienz der verschiedenen Suchverfahren in Abhängigkeit von der Anzahl der Datensätze testen. Dazu müssen wir ein Feld mit der gewünschten Anzahl Daten füllen und dann in diesem Feld nach einem Objekt suchen. Die Suche führen wir jedoch nicht einmal durch, sondern wir suchen nach einer größeren Anzahl unterschiedlicher Schlüssel, die wir so auswählen, daß wir alle Schlüssel genau so oft suchen. Für jedes Suchverfahren implementieren wir eine Methode, das das beschriebene Testverfahren implementiert: *seqSuchBench*, *binSuchBench* und *intpolSuchBench*. Im folgenden sind diese und weitere Methoden der Klasse *SearchBench* abgedruckt:

```
class SearchBench implements
   IntpolSuchCondition{
   int i;
   String outStr;

   public String toString(long val){
      String str1=Long.toString(val);
      String str=new String();
      int i;
      for (i=0; i<7-str1.length();i++)
         str=str+" ";
      return str+str1;
   }

   void initSeqSuchVector(
      SeqSearchVector vec,int anz){
      for(i=0;i<anz;i++){
         vec.add(new Integer(i));
      }
   }
   void initBinSuchVector(
      BinSearchVector vec, int anz){
         for(i=0;i<anz;i++){
```

6 Einfache Suchmethoden

```
            vec.add(new Integer(i));
         }
      }
      void initIntpolSuchVector(
         IntpolSearchVector vec, int anz){
         for(i=0;i<anz;i++){
            vec.add(new Integer(i));
         }
      }

   void seqSearchBench(int anz) {
      StopUhr1 zeit= new StopUhr1();
      SeqSearchVector vec = new
               SeqSearchVector(anz,this);
      int k,j;
      initSeqSuchVector(vec,anz);
      zeit.start();
      for(j=0;j<100;j++) {
         k=(int)((anz/100)*j);
         vec.find(new Integer(k),0);
      }
      outStr=outStr+
               toString(zeit.stop())+" ms\t\t";
   }
   void binSearchBench(int anz){
      StopUhr1 zeit= new StopUhr1();
      BinSearchVector vec = new
         BinSearchVector(anz,this);
      int k,j;
      initBinSuchVector(vec,anz);
      zeit.start();
         for(j=1;j<10000;j++) {
            k=(int)((anz/10000)*j);
            vec.find(new Integer(k));
         }
      outStr=outStr+
               toString(zeit.stop())+" ms\t\t";
   }
   void intpolSearchBench(int anz) {
      StopUhr1 zeit= new StopUhr1();
```

```
   IntpolSearchVector vec = new
         IntpolSearchVector(anz,this);
   int k,j;
   initIntpolSuchVector(vec,anz);
   zeit.start();
   for(j=1;j<10000;j++) {
      k=(int)((anz/10000)*j);
      vec.find(new Integer(k));
   }
   outStr=outStr+toString(zeit.stop())+" ms";
}

public void bench() {
   int i;
   int anz=32;
   outStr=new String();
   outStr="";
   anz=32;
   for (i=0;i<9;i++) {
      anz=anz*2;
      outStr=outStr+"N: "+toString(anz)+"\t";
      seqSearchBench(anz);
      binSearchBench(anz);
      intpolSearchBench(anz);
      Anzeige1.println(outStr);
      outStr="";
   }
}

public boolean isGreaterThan(
   Object o1, Object o2) {
   Integer i1 = (Integer) o1;
   Integer i2 = (Integer) o2;
   return (i1.intValue() <i2.intValue());
}
public boolean isEqual(
   Object o1, Object o2) {
   Integer i1 = (Integer) o1;
   Integer i2 = (Integer) o2;
   return (i1.intValue() ==i2.intValue());
```

6 Einfache Suchmethoden

```
  }
  public int difference(Object o1,Object o2) {
     Integer i1 = (Integer) o1;
     Integer i2 = (Integer) o2;
     return i1.intValue()-i2.intValue();
  }
}
```

Neben den oben genannten Methoden enthält die Klasse noch für jede Suchmethode eine Initialisierungsmethode, mit der die jeweiligen Suchvektoren mit Daten gefüllt werden. Die Anzahl der Daten wird durch den Parameter *anz* festgelegt. Die Vektoren werden dabei einfach mit einer aufsteigenden Zahlenfolge 1,2,3 ... gefüllt.

Außerdem enthält die Klasse noch eine Implementierung der Methoden des Interface-Objekts und die steuernde Methode bench, die nacheinander die Methoden *seqSuchBench*, *binSuchBench* und *intpolSuchBench* mit einer variierenden Anzahl von Daten aufruft.

In der Methode *seqSuchBench* werden einhundert Objekte gesucht. Diese werden mittels des Ausdrucks

```
k = (n/100)*j
```

ausgewählt. Mit dieser Formel werden Schlüssel im gesamten Wertebereich der Schlüssel in der Datei gleichmäßig ausgewählt. Anschließend wird nach diesen Schlüsseln gesucht. Die Gesamtzeit für das Suchen nach hundert Schlüsseln wird anschließend ausgegeben. Die Methoden *binSuchBench* und *intpolSuchBench* sind genauso aufgebaut. Allerdings wird in diesen Methoden nicht nach jeweils hundert Schlüsseln, sondern nach jeweils zehntausend Schlüsseln gesucht. Den restlichen Aufbau des Benchmarkprogramms entnehmen Sie bitte den Dateien auf der beiliegenden CD. Er entspricht im wesentlichen dem Aufbau der Sortiert-Testprogramme.

Die Ergebnisse eines Testlaufs zeigen die Abbildungen 6.6 und 6.7. Offensichtlich ist die sequentielle Suche nur für relativ kleine Dateien geeignet. Bei großen Dateien werden die Suchzeiten schnell sehr groß. Die binäre und die Interpolationsuche sind im Gegensatz dazu auch bei großen Dateien sehr effizient. Schon bei etwa achttausend Datensätzen

6.5 Vergleich der Suchverfahren

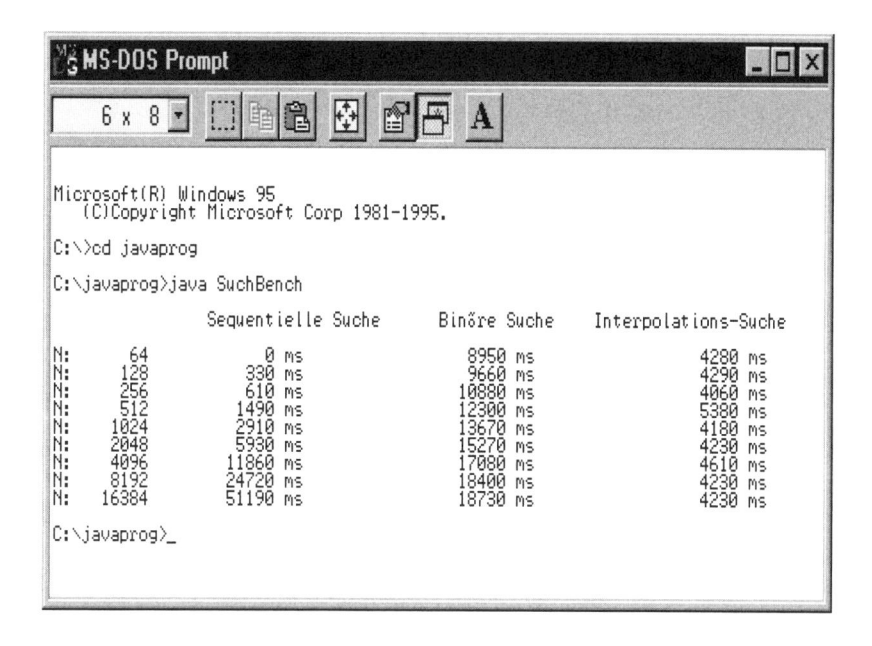

```
Microsoft(R) Windows 95
    (C)Copyright Microsoft Corp 1981-1995.
C:\>cd javaprog

C:\javaprog>java SuchBench
              Sequentielle Suche    Binäre Suche   Interpolations-Suche
N:     64            0 ms            8950 ms            4280 ms
N:    128          330 ms            9660 ms            4290 ms
N:    256          610 ms           10880 ms            4060 ms
N:    512         1490 ms           12300 ms            5380 ms
N:   1024         2910 ms           13670 ms            4180 ms
N:   2048         5930 ms           15270 ms            4230 ms
N:   4096        11860 ms           17080 ms            4610 ms
N:   8192        24720 ms           18400 ms            4230 ms
N:  16384        51190 ms           18730 ms            4230 ms

C:\javaprog>_
```

Abb. 6.6: Ergebnisse eines Testlaufs

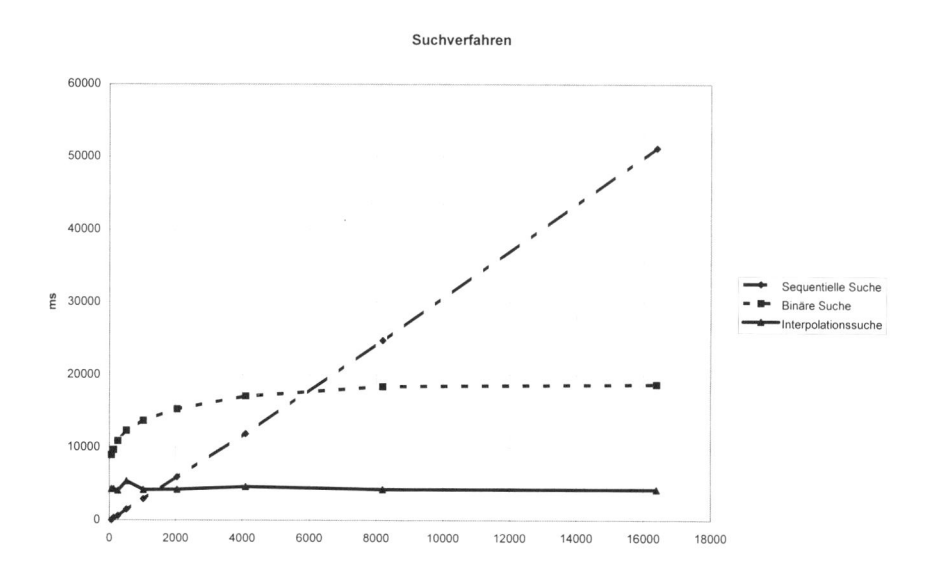

Abb. 6.7: Grafische Darstellung der Ergebnisse von Abb. 6.7.

111

ist die binäre Suche etwa hundertmal (!) schneller. Die Interpolations-Suche ist noch schneller, allerdings ist die von uns erzeugte Schlüsselverteilung auch extrem günstig.

Wie man der Abbildung 6.7 entnehmen kann, steigt die Suchzeit beim sequentiellen Suchen erwartungsgemäß linear mit der Dateigröße an. Bei der binären Suche steigt sie logarithmisch mit der Dateigröße an - ebenfalls erwartungsgemäß. Bei der Interpolationssuche ist die Suchzeit praktisch unabhängig von der Dateigröße.

6.6 Empfehlungen

Aus diesen Ergebnissen kann man einige Empfehlungen für den Einsatz der verschiedenen Suchverfahren ableiten. Die sequentielle Suche sollte man nur bei relativ kleinen Dateien einsetzen, bei denen oft neue Datensätze eingefügt werden. Wenn nur selten neue Datensätze eingefügt werden, sollte man die Datei einmal mit Quicksort sortieren und dann mittels binärer Suche arbeiten. Nach dem Einfügen neuer Datensätze sollte man die Datei mittels Insertion-Sort wieder neu sortieren. Im allgemeinen reicht die Performanz des binären Suchens für die allermeisten Anwendungen voll und ganz aus. Wenn man in sehr großen Dateien effizient suchen will und die Schlüssel den Einsatz der Interpolationssuche erlauben, so kann man auch dieses Suchverfahren einsetzen. Allerdings sollten die Schlüssel möglichst gleichmäßig verteilt sein.

Im nächsten Kapitel werden wir weitere Suchverfahren kennenlernen, die eine sehr kurze Suchzeit auch bei großen Datenmengen erlauben. Diese Verfahren arbeiten völlig anders als die in diesem Kapitel vorgestellten Algorithmen - sie basieren auf sogenannten Hash-Tabellen.

7 Hash-Tabellen

7.1 Einleitung

In diesem Kapitel wollen wir eine gänzlich andere Technik für das effiziente Suchen als im letzten Kapitel unter die Lupe nehmen: das sogenannte *Hashing*. Beim "Hashing" (Zerhacken) werden die Daten zwar auch in Tabellen gespeichert, jedoch erfolgt der Zugriff auf die Daten auf eine ganz andere Art und Weise. Mittels spezieller arithmetischer Operationen wandelt man die Schlüssel in Tabellenadressen (=Feldindizes) um. Im Idealfall wird jeder Schlüssel in eine andere Tabellenadresse umgesetzt, und ein Datensatz kann dann in konstanter Zeit gefunden werden - gleichgültig, ob die Tabelle wenige oder sehr viele Daten enthält.

Dies hört sich zunächst einmal etwas geheimnisvoll an, aber Sie werden sehen, daß Hashing eigentlich ganz einfach ist. Stellen Sie sich zunächst erst einmal vor, wir hätten eine Datei, die N Datensätze enthält. Die Schlüssel sollen dabei die Zahlen 1 bis N sein. Die effizienteste Suchmethode für diese Datei wäre es, alle Datenelemente in einem Feld mit N Elementen so zu speichern, daß sich das Element mit dem Schlüssel "1" auf der ersten Position befindet, das Element mit dem Schlüssel "2" auf der zweiten Position usw. Um jetzt ein beliebiges Element zu finden, muß man aus dem Schlüssel nur die dazugehörige Position berechnen und kann dann auf das entsprechende Datenelement direkt zugreifen.

Dieses triviale Verfahren läßt sich so weit verallgemeinern, daß man es praktisch einsetzen kann. Dazu muß man im wesentlichen ein Verfahren entwickeln, beliebige Schlüssel effektiv auf eine Tabellenadresse abzubilden. Im Idealfall sollten dabei verschiedene Schlüssel auf verschiedene Adressen abgebildet werden. Eine Funktion, die eine solche Abbildung vornimmt, wird *Hash-Funktion* genannt. Leider ist keine Hash-Funktion perfekt, daher wird es in der Praxis vorkommen, daß verschiedene Schlüssel auf die gleiche Tabellenadresse abgebildet werden - sie kollidieren. Daher benötigt man neben einer Hash-Funktion noch eine

Vorschrift, wie man solche Kollisionen behandelt. Dieser Prozeß wird als *Kollisionsbeseitigung* (collision-resolution) bezeichnet. Es gibt nun verschiedene Methoden zur Kollisionsbeseitigung. Das erste Verfahren, das wir im folgenden ausführlich behandeln wollen, arbeitet mit einem Feld konstanter Größe. Es wird als Hashing mit *offener Adressierung* bezeichnet. Es ist vor allem bei Situationen einsetzbar, bei denen die maximale Anzahl von Suchschlüsseln bekannt ist. Das zweite Verfahren abeitet mit einer Kombination von einem Feld fester Größe N und N zusätzlichen dynamischen Listen oder Feldern variabler Größe. Es wird als Hashing mit *getrennter Verkettung* bezeichnet. Dieses Verfahren ist langsamer als das erste Verfahren, eignet sich jedoch besser als das erste Verfahren für Situationen, bei denen die maximale Anzahl von Suchschlüsseln nicht bekannt ist.

Allerdings kann das Hashing mit offener Adressierung auch so gestaltet werden, daß es mit einer unbekannten Anzahl von Suchschlüsseln arbeiten kann. Dazu muß man gegebenenfalls die Tabelle vergrößern. Bei einer solchen Vergrößerung müssen jedoch alle bereits eingefügten Datensätze in die größere Tabelle neu eingetragen werden. Dieser Prozeß wird *Rehashing* genannt und ist relativ aufwendig. Nichtsdestotrotz wird dieses Verfahren bei objektorientierten Klassenbibliotheken praktisch ausschließlich eingesetzt. Wie wir bald sehen werden, ist eine Implementierung auch in Java ohne allzugroßen Aufwand möglich.

Hash-Verfahren stellen einen Kompromiß zwischen Rechenzeit- und Speicherplatzbedarf dar. Wenn wir den Speicherplatzbedarf minimieren wollen, so können wir ein sequentielles Suchverfahren verwenden. Wenn wir die Suchzeit minimieren wollten, so könnten wir ein Feld unbegrenzter Größe verwenden und jede beliebige Suche mit nur einem einzigen Zugriff durchführen, indem wir einfach den Schlüssel als Tabellenadresse verwenden. Hash-Verfahren erlauben nun einen Kompromiß zwischen beiden Extremen. Sie benötigen mehr Speicherplatz als ein sequentielles Suchverfahren, erlauben aber wesentlich kürzere Suchzeiten. Eine effiziente Speicherausnutzung und kurze Zugriffszeiten sind die wesentlichen Ziele von allen Hash-Verfahren.

7.2 Die Klasse java.util.Hashtable

Bevor wir mit unseren Ausführungen fortfahren, wollen wir unsere Aufmerksamkeit zunächst einmal der Klasse *Hashtable* aus dem JDK widmen. Sie befindet sich in dem Package *java.util* und ist eine Unterklasse der abstrakten Klasse *Dictionary*. Diese Klasse definiert ein abstraktes Interface für alle Klassen, die sogenannte Wörterbücher (engl. Dictionary) realisieren. *Dictionaries* sind Datenstrukturen, die eine Menge von *KeyValuePair*-Objekten speichern. *KeyValuePair*-Objekte definieren eine Beziehung zwischen einem Schüssel (*key*) und einem Wert (*value*). In einem Dictionary kann man nun zu einem gegebenen Schlüssel den dazugehörenden Wert suchen. Aufgrund der Ähnlichkeit mit einem Wörterbuch, wo man zum Beispiel zu einem deutschen Wort die passende englische Übersetzung sucht, hat man diesen Datenstrukturen ihren Namen gegeben.

Da es eine Vielzahl von Möglichkeiten gibt, Dictionaries zu implementieren, hat man in Java mit der Klasse *Dictionary* eine allgemeine Schnittstelle festgelegt. Die Klasse *Hashtable* ist nun eine konkrete Implementierungsvariante. Andere Möglichkeiten *Dictionaries* zu realisieren, stellen die im letzten Kapitel vorgestellten Klassen für die lineare oder binäre Suche dar.

Damit Objekte einer bestimmten Klasse in einer Hash-Tabelle gespeichert werden können, muß diese Klasse zwei Methoden implementieren: Eine Methode, mit der die Hashfunktion berechnet werden kann:

```
protected int hashCode()
```

Und eine Methode, um den Test auf die Gleichheit zweier Objekte durchzuführen:

```
public boolean equals(Object o)
```

Beide Methoden sind bereits für die meisten JDK-Klassen implementiert, wie zum Beispiel für die *String*- oder *Integer*-Klasse.

Im folgenden wollen wir eine eigene Hash-Tabellen-Klasse implementieren. Dabei werden wir die gleiche öffentliche Schnittstelle wie die Klasse *Hashtable* verwenden. Allerdings werden wir nicht alle Methoden der Klasse *Hashtable* implementieren und wir werden unsere eigene Klasse auch nicht von der Klasse *Dictionary* ableiten. Die Gründe dafür sind:

7 Hash-Tabellen

- Unsere (noch zu implementierende) Klasse und die Klasse *Hashtable* aus dem Java-JDK arbeiten beide mit offener Addressierung, sind sich also sehr ähnlich. Daher sind die Performanz und der Speicherplatzbedarf von beiden Implementierungen sehr ähnlich. Es macht daher keinen Sinn, unsere eigene Implementierung als vollwertigen Ersatz der bereits im JDK implementierten Hash-Tabelle auszubauen. Ein solches Vorgehen würde nur dann Sinn machen, wenn es unser Ziel wäre, eine Hash-Tabelle zu implementieren, die für eine große Menge von Datensätzen wesentlich effizienter arbeiten würde als die JDK-Hash-Tabelle. Dies ist zwar möglich, sprengt aber den Rahmen dieses Buches. Eine solche Implementierung wäre sehr komplex und sehr umfangreich und würde mehrere Klassen erfordern.

- Die folgende Implementierung soll vor allem das Prinzip veranschaulichen, mit der eine Hash-Tabelle mit offener Addressierung arbeitet. Danach sind Sie auch in der Lage, den Quellcode der Klasse *Hashtable* aus dem Java-JDK zu verstehen.

- Im nächsten Kapitel werden wir sogenannte *Bags* und *Sets* untersuchen. Diese Datenstrukturen können auf der Basis einer Hash-Tabelle implementiert werden. Allerdings ist der Speicherplatzbedarf einer angepaßten Implementierung deutlich niedriger. Dazu werden wir auf die folgende Hash-Tabellenimplementierung zurückgreifen und sie für die Bedürfnisse von Bags und Sets anpassen.

7.3 Hash-Funktionen

Als erstes müssen wir uns mit Hash-Funktionen auseinandersetzen. Hash-Funktionen berechnen für einen gegebenen Schlüssel eine Tabellenadresse. Solche Hash-Funktionen verwenden arithmetische Operationen und sie verhalten sich so ähnlich wie Zufallszahlengeneratoren. Der Grund dafür ist, daß für jeden Schlüssel jede Speicheradresse gleich wahrscheinlich sein sollte.

Üblicherweise sind die verwendeten Schlüssel ganze Zahlen oder Strings. Diese müssen nun in Adressen im Bereich $[1..N]$ transformiert werden, da wir für die Speicherung ein Feld der Größe N verwenden wollen. Betrachten wir zunächst den Fall, daß die Schlüssel ganze

Zahlen (zum Beispiel vom Typ *Integer* oder *Long*) sind. Die vielleicht häufigste Methode für das Hashing besteht nun darin, für N eine Primzahl zu wählen und für einen beliebigen Schlüssel k die Hash-Funktion mittels der Formel

$$index = h(k) = (\ k \bmod N\ ) + 1$$

zu berechnen. Dieses Verfahren ist sehr einfach und ergibt eine recht gute Verteilung der Schlüssel in der Tabelle.

Wie können wir nun einen Hash-Wert für eine mehr oder weniger lange Zeichenkette berechnen? Im Prinzip gibt es dazu eine Reihe von Möglichkeiten. Im Prinzip könnte man für die Klasse String folgende Methode verwenden (die Klasse *String* speichert die Zeichen in einer Membervariablen *val* und die Länge in einer Membervariablen *count*):

```
public int hashCode() {
   int pos =0;
   for (int i=0;i<count;i++) {
      h=(h*37)+val[pos++];
   }
   return h;
}
```

Leider funktioniert dies nur für nicht allzu lange Strings. Daher wird in der Klasse String eine aufwendigere Methode in Abhängigkeit von der String-Länge verwendet. Bei kurzen Strings wird der Hashwert im Prinzip wie beschrieben berechnet. Bei langen Strings geht man ähnlich vor, jedoch wertet man nicht mehr jedes Zeichen aus, sondern nur noch jedes achte.

7.4 Hashing mit offener Adressierung

Das sogenannte Hashing mit offener Addressierung arbeitet mit einem Feld fester Größe. Dieses muß so groß gewählt werden, daß es alle Schlüssel aufnehmen kann und noch etwas freier Speicherplatz verbleibt. Es besteht also die Forderung, daß die Feldgröße *size* größer als die Anzahl der Daten N ist (size > N). Es eignet sich daher vor allem bei

Anwendungen, bei denen die maximale Anzahl von Schlüsseln a priori bekannt ist. Wir werden jedoch später sehen, daß man dieses Verfahren so erweitern kann, daß dies Einschränkung wegfällt.

Es gibt verschiedene Varianten des Hashings mit offener Adressierung. Das einfachste Verfahren wird als *lineares Austesten* bezeichnet. Bei diesem Verfahren arbeitet die Kollisionsbeseitigung wie folgt: Wenn eine Kollision vorliegt (das heißt, wenn die Hash-Funktion zwei verschiedene Schlüssel auf dieselbe Feldadresse abbildet), so testet man einfach die nächste Position in dem Feld. Dies bedeutet, man vergleicht den Schlüssel des dort befindlichen Eintrags mit dem Suchschlüssel. Dieser Test hat drei mögliche Ergebnisse:

- Auf der getesteten Position befindet sich der gesuchte Schlüssel. Dann ist die Suche erfolgreich beendet.

- Auf der getesteten Position befindet sich gar kein Eintrag. In diesem Fall ist die Suche erfolglos und wird beendet.

- Auf der getesteten Position befindet sich ein Eintrag. Der Schlüssel stimmt jedoch nicht mit dem gesuchten Schlüssel überein. In diesem Fall wird die nächste Position getestet. Man fährt dann solange fort, bis man entweder den Suchschlüssel gefunden hat oder die Suche erfolglos beendet wird.

Wenn man einen neuen Datensatz einfügen will, so verfährt man ähnlich. Wenn die Tabelle bereits den gesuchten Schlüssel enthält, so ändert man den Wert des entsprechenden Eintrags. Wenn die Tabelle noch keinen Eintrag mit dem gegebenen Schlüssel enthält, muß man solange nach dem obigen Schema vorgehen, bis man eine leere Tabellenposition gefunden hat. An dieser Adresse fügt man nun den neuen Datensatz ein.

7.4.1 Implementierung

Das beschriebene Verfahren läßt sich relativ leicht implementieren. Dazu benötigen wir als erstes eine Klasse, die einen Suchschlüssel (key) und einen Wert (value) zusammen speichert. Da wir uns keinerlei Beschränkung hinsichtlich der Datentypen auferlegen wollen, definieren wir zu diesem Zweck eine Klasse *KeyValuePair* wie folgt:

```java
public class KeyValuePair{
   public Object key;
   public Object value;

   public KeyValuePair() {
      key=null;
      value=null;
   }
   public KeyValuePair(Object k, Object val) {
      key=k;
      value=val;
   }

   public String toString() {
      return
         key.toString()+" | "+value.toString();
   }
}
```

Auf der Basis dieser Datenstruktur wollen wir den oben angegebenen Algorithmus mit linearem Austesten implementieren. Dazu definieren wir eine Klasse *TTHashTable*:

```java
import KeyValuePair;

public class TTHashTable {
   private KeyValuePair data[];
   private int n;
   private KeyValuePair deletedObject;

   public TTHashTable(int initialSize){
      data=new KeyValuePair[initialSize];
      n=0;
      deletedObject= new KeyValuePair();
   }

   public TTHashTable(){
      data=new KeyValuePair[10];
      n=0;
      deletedObject= new KeyValuePair();
   }
```

7 Hash-Tabellen

```java
public int size() {
   return n;
}

public boolean isEmpty() {
   return n==0;
}

public int tableSize() {
   return data.length;
}

public synchronized Object
   getElemAt(int index)  {
   return data[index];
}

public String toStringAt(int index) {
   KeyValuePair elem;
   elem=data[index];
   if(isNull(elem)) return "--";
   if(isDeleted(elem)) return "d-";
   return elem.toString();
}

public synchronized Object
   put(Object key, Object value)  {
   ...
}

public synchronized Object
   remove(Object key) {
   ...
}

public synchronized void clear() {
   ...
}
```

7.4 Hashing mit offener Adressierung

```
  public synchronized Object get(Object key) {
     ...
  }

  public synchronized boolean
     containsKey(Object key) {
     ...
  }

  public synchronized boolean
     contains(Object value) {
     ...
  }

  public synchronized int find(Object key) {
     ...
  }

  private void enlarge() {
     ...
  }

  private boolean isNull(KeyValuePair o) {
     return (o==null);
  }

  private boolean isDeleted(KeyValuePair o) {
     return (o==deletedObject);
  }
}
```

Die Klasse hat recht viele Methoden. Kommen wir zuerst zu den einfachen Hilfsmethoden. Beim Aufruf einer der beiden Konstruktoren wird ein Array *data* zur Speicherung der Hash-Tabelleneinträge konstruiert. Die Anzahl der Daten wird auf Null gesetzt. Außerdem wird ein Hilfsobjekt *deletedObject* erzeugt, das als Marker für ein gelöschtes Element dient.

Mit der Methode *size* kann man die Anzahl der Einträge in der Hash-Tabelle bestimmen und mit der Methode *tableSize* die Gesamtgröße der Hash-Tabelle. Mit der Methode *isEmpty* kann man ermitteln, ob die

7 Hash-Tabellen

Hash-Tabelle leer ist. Die Methode *toStringAt* gibt einen String für einen Hash-Tabelleneintrag an der Position index zurück. Gelöschte oder nicht existierende Einträge werden mittels eines "d" bzw. "--" dargestellt.

Mit der Methode *put* wird ein Hash-Tabelleneintrag mit einem gegebenen Schlüssel und Wert erzeugt. Falls bereits ein Eintrag zu dem Schlüssel existiert, wird nur der dazugehörende Wert überschrieben. In diesem Fall wird der alte Wert zurückgegeben, andernfalls *null*.

Die Methoden *remove* und *clear* dienen dem umgekehrten Zweck: dem Entfernen von Einträgen. Mit der Methode *remove* wird ein Element zu einem gegebenen Key aus der Tabelle entfernt. Existiert ein entsprechender Eintrag, wird dessen Wert zurückgegeben, ansonsten *null*. Die Methode *clear* löscht alle Einträge in der Hash-Tabelle.

Die Methode *getAt* liefert das Objekt an der Position *index* in der Hash-Tabelle. Diese Methode sollte im allgemeinen nicht benutzt werden. Die Methode *get* ermittelt den Wert *value* zu einem gegebenen Schlüssel *key*. Falls der Schlüssel nicht existiert wird *null* zurückgegeben. Mit den Methoden *contains* und *containsKey* kann man ermitteln, ob die Hash-Tabelle einen Eintrag zu einem gegebenen Schlüssel (*containsKey*) oder zu einem gegebenen Wert (*contains*) enthält.

Mit der Methode *find* kann man die Position eines Eintrags mit einem vorgegebenen Schlüssel finden. Falls der Schlüssel nicht existiert, wird die Tabellengröße zurückgegeben. Mit der privaten Methode *enlarge* wird die Hash-Tabelle automatisch bei Bedarf vergrößert.

Im folgenden wollen wir die Implementierung der wichtigsten Hash-Tabellen-Methoden genauer untersuchen. Beginnen wir dazu mit der Methode put, mit deren Hilfe Datensätze in die Hash-Tabelle eingefügt werden:

```
public synchronized Object
   put(Object key, Object value)  {
   int index=0;
   if(value ==null)
      throw new NullPointerException();
   if(n > (int)(0.7*data.length)) enlarge();
   index=find(key);
      //ist Key schon in der Tabelle?
   if(index ==data.length) {
```

7.4 Hashing mit offener Adressierung

```
    // Key existiert nicht, position
    // zum einfügen suchen
    index=key.hashCode() % data.length;
    while (!(isNull(data[index]) ||
          isDeleted(data[index]))) {
       index++;
       if(index >=data.length) index=0;
    }
    n++;
    data[index]=new KeyValuePair();
    data[index].key=key;
    data[index].value=value;
    return null;
  }
  Object old=data[index].value;
  data[index].key=key;
  data[index].value=value;
  return old;
}
```

Diese Methode arbeitet wie folgt. Zuallerst wird getestet, ob die Hash-Tabelle vergrößert werden soll. Ist dies der Fall wird die Hash-Tabelle mit Hilfe der Methode *enlarge* vergrößert. Wie dies geschieht, werden wir später sehen.

Anschließend wird erst einmal untersucht, ob der Schlüssel des einzufügenden Datensatzes nicht bereits in der Hash-Tabelle existiert. Wenn dies nicht der Fall ist, wird eine Tabellenadresse *index* mittels der Hash-Funktion *hashCode* berechnet. Die folgende While-Schleife implementiert das lineare Austesten. Falls innerhalb dieser Schleife der Suchschlüssel gefunden wird, wird das lineare Austesten abgebrochen. Andernfalls wird solange weitergesucht, bis ein freier Tabellenplatz gefunden wird. Ein freier Tabellenplatz liegt dann vor, wenn der Wert von *data[index]* entweder *isNull* oder *isDeleted* ist. Daß wir zusätzlich auf *isDeleted* testen, hängt mit dem Löschen von Datensätzen zusammen. Gelöschte Datensätze werden bei unserer Hash-Tabelle mit dem Objekt *deletedObject* gekennzeichnet. Da wir sowohl freie als auch gelöschte Datensätze überschreiben können, müssen wir beide Möglichkeiten überprüfen.

7 Hash-Tabellen

Falls ein freier Tabellenplatz gefunden wird, wird ein neues *KeyValue-Pair-Objekt* erzeugt und mit dem Schlüssel und dem Wert gefüllt. Falls es bereits einen Eintrag zu dem gegebenen Schlüssel gibt, wird nur dessen Wert mit dem neuen Wert überschrieben.

Die Suchmethode *find* ist wie folgt implementiert:

```
public synchronized int find(Object key) {
  //bei erfolgloser Suche wird data.length
  //zurückgegeben
  int index=key.hashCode() % data.length;
  while(!isNull(data[index])) {
     if(!isDeleted(data[index]) &&
       data[index].key.equals(key)) {
        return index;
     }
     index++;
     if (index >=data.length) index=0;
  }
  return data.length;
}
```

Die Arbeitsweise dieser Methode ist rasch erklärt. Zuerst wird eine Tabellenadresse mit der Hash-Funktion berechnet. Anschließend wird der Schlüssel mittels linearem Austesten gesucht. Falls er gefunden wird, wird der Index des Datensatzes zurückgegeben. Wird beim linearen Austesten ein leerer Eintrag gefunden, so wird die Suche abgebrochen und der Wert *data.length* zurückgeliefert. Die Suche darf übrigens nur abgebrochen werden, wenn *data[index]* gleich *null* ist. Wenn wir beim Suchen einen gelöschten Datensatz finden, müssen wir diesen überlesen und weitersuchen. Dies liegt daran, daß nachfolgende Einträge aufgrund des linearen Austestens an ihrer Position eingefügt wurden. Brechen wir die Suche bei einem gelöschten Datensatz ab, so können wir unter Umständen bestimmte Datensätze nicht mehr finden, obwohl sie noch in der Hash-Tabelle stehen.

Mit Hilfe dieser Suchfunktion lassen sich nun eine ganze Reihe anderer Methoden recht einfach realisieren, wie die *get*-Methode

```
public synchronized Object get(Object key) {
  int index=find(key);
  if(index < data.length) return
```

7.4 Hashing mit offener Adressierung

```
      data[index].value;
   return null;
}
```

die *containsKey*-Methode:

```
public synchronized boolean
   containsKey(Object key) {
      int index=find(key);
      if(index < data.length) return true;
      return false;
}
```

und die *remove*-Methode, mit deren Hilfe man einen Eintrag mit einem bestimmten Schlüssel aus der Hash-Tabelle entfernen kann:

```
public synchronized Object remove(Object key) {
   int index=find(key);
   if(index <data.length) {
      data[index]=deletedObject;
      n--;
      return key;
   }
   return null;
}
```

Bisher sind wir davon ausgegangen, daß die Hash-Tabelle eine konstante feste Größe hat. In der Funktion *put* gibt es jedoch bereits einen Aufruf einer Methode mit dem Namen *enlarge*, die bisher nicht näher erläutert wurde. Sie dient dazu, die Hash-Tabelle zu vergrößern, wenn sie bereits zu viele Datenelemente enthält. Wie wir später noch sehen werden, muß man eine Hash-Tabelle bereits vergrößern, wenn sie noch nicht vollständig gefüllt ist, da ansonsten die Suchzeiten zu groß werden. Wir vergrößern die Hash-Tabelle, wenn sie zu mehr als 70% gefüllt ist. Dies wird mit der If-Abfrage

```
if(n > (int)(0.7*data.length))
```

abgeprüft. Die Methode zum Vergrößern einer Hash-Tabelle hat folgendes Aussehen:

125

7 Hash-Tabellen

```
private void enlarge() {
   int i;
   int t=0;
   int size=tableSize();
   int anz=n;
   KeyValuePair tempTable[]= new KeyValuePair[n];
   //alle echten Einträge in Hilfstabelle
   //umkopieren
   t=0;
   for(i=0;i<size;i++) {
    if(!(isNull(data[i]) ||isDeleted(data[i]))){
      tempTable[t]=data[i];
      t++;
     }
   }
   size=size*2;
   data=new KeyValuePair[size];
   n=0;
   for(i=0;i<anz;i++)
      put(tempTable[i].key,tempTable[i].value);
}
```

Diese Methode ist nicht allzuschwer zu verstehen. Im Prinzip werden alle Datensätze in der Hash-Tabelle in ein gewöhnliches Hilfsfeld kopiert. Dazu wird dieses zuerst einmal in der richtigen Größe angelegt und alle Elemente aus der Hash-Tabelle in der ersten Schleife in dieses Feld kopiert. Beachten Sie, daß dabei die Schleife über die ganze Hash-Tabelle laufen muß, da die Datenelemente durch das Hashen willkürlich verteilt sind. Damit wir nur gültige Einträge kopieren, wird für jedes Element in der Hash-Tabelle getestet, ob der Wert eines Datensatzes ungleich *isNull* ist bzw. ungleich *isDeleted* ist.

Anschließend wird die Größe der Hash-Tabelle verdoppelt und diese neu initialisiert. Zum Schluß werden alle Datenelemente im Hilfsfeld wieder in die neue, vergrößerte Hash-Tabelle eingefügt. Dies geschieht innerhalb der zweiten Schleife. Diese Operation muß leider mit der *put*-Methode erfolgen, da nun der Wert der Hashfunktion für jeden Eintrag anders ist als vorher.

Mittels der *clear*-Methode lassen sich alle Einträge in der Hash-Tabelle löschen:

```
public synchronized void clear() {
  //alle Einträge in Hashtabelle löschen
  for(int index=0;index<data.length;index++){
    data[index]=null;
  }
  n=0;
}
```

Dazu werden einfach alle Einträge in der Hash-Tabelle auf *null* gesetzt. Der Garbage-Collector entfernt dann anschließend alle Objekte aus dem Speicher.

Mittels der *contains*-Methode kann man feststellen, ob die Hash-Tabelle einen Eintrag mit einem bestimmten Wert enthält:

```
public synchronized boolean
  contains(Object value) {
  int index;
  KeyValuePair elem;
  for (index=0;index<data.length;index++){
    elem=data[index];
    if(!(isNull(elem) || isDeleted(elem))){
      if(elem.value.equals(value)) return true;
    }
  }
  return false;
}
```

Diese Methode ist im Vergleich zur *containsKey*-Methode recht aufwendig, da alle Einträge in der Hash-Tabelle durchsucht werden müssen, um einen Eintrag mit dem gegebenen Wert zu finden.

7.4.2 Ein praktisches Beispiel

Nun ist es wieder an der Zeit, ein kleines Testprogramm zu schreiben, mit dem man die obige Implementierung testen kann. Außerdem kann so die Anwendung der beschriebenen Funktionen demonstriert werden. Sie finden dieses Testprogramm auf der CD unter dem Namen "HashTest.java". Das Dialogfenster dieses Testprogramms hat das bereits hinlänglich bekannte Aussehen (Abb. 7.1).

7 Hash-Tabellen

Die Listbox rechts zeigt den Inhalt der Hash-Tabelle an. Bei Programmstart wird die Hash-Tabelle mit Werten gefüllt (Abb. 7.1). Man erkennt auf den ersten Blick, daß die Einträge in der Hash-Tabelle wild verstreut sind und nicht dicht aufeinanderfolgend gespeichert werden wie bei den Suchverfahren im letzten Kapitel.

Das folgende Listing zeigt die Implementierung des Testprogramms:

```
import TTHashTable;
import java.awt.*;
import java.lang.*;
import java.util.*;
public class HashTest extends Frame {
   List liste;
   TTHashTable htable;
   TextField text;
   HashTest(String titel) {
   super(titel);
   setLayout(new FlowLayout());
   text=new TextField(10);
   add(text);
   add(new Button("Insert"));
   add(new Button("Find"));
   add(new Button("Remove"));
   liste=new List(20,false);
   liste.setMultipleSelections(true);
   add(liste);
   resize(400,350);
   show();
}
```

Der Konstruktor baut im wesentlichen das Dialogfenster zusammen und zeigt es an.

```
public void hashTest() {
   htable=new TTHashTable(8);
   fillTable();
   showHTable();
}
```

7.4 Hashing mit offener Adressierung

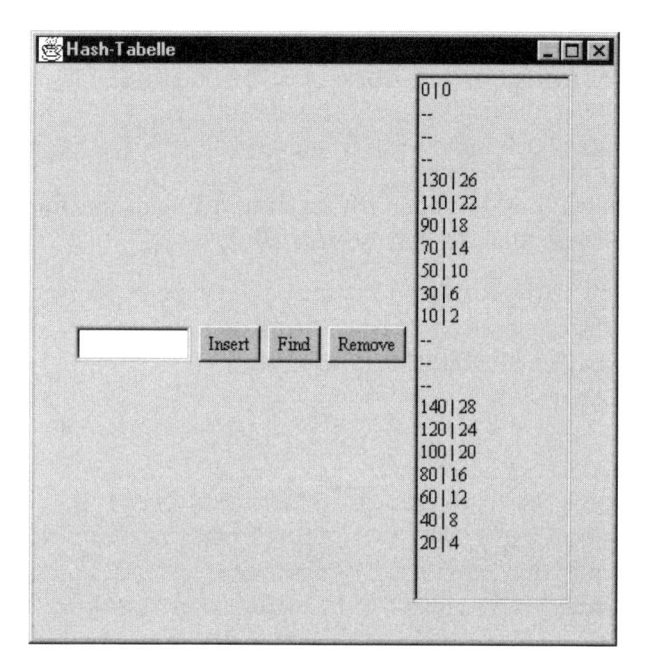

Abb. 7.1: Dialogfenster eines Testprogramms für Hashtabellen: Anzeige des Inhalts einer Hash-Tabelle. In der Listbox werden links die Schlüssel und rechts die Werte angezeigt. Leere Einträge werden als "-_" angezeigt, gelöschte als "d".

Diese Methode erzeugt die Hashtabelle *htable*, füllt sie mittels der Methode *fillTable* mit Daten und zeigt sie anschließend durch Aufruf der Methode *showHTable* an:

```
private void fillTable(){
   Integer key;
   Integer value;
   for(int i=0;i<15;i++)
   {
      key=new Integer(10*i);
      value= new Integer(2*i);
      htable.put(key,value);
   }
}


public void showHTable() {
   int i;
   liste.clear();
```

7 Hash-Tabellen

```
      for(i=0;i<htable.tableSize();i++){
         liste.addItem(htable.toStringAt(i));
      }
}
```

Die folgenden beiden Methoden filtern Button-Events aus und verteilen sie an private Methoden der Klasse *HashTes*t:

```
public boolean action(Event e, Object arg) {
   if(e.target instanceof Button)
      buttonClicked((String) arg);
   return true;
}

private void buttonClicked(String arg) {
 if(arg.equals("Insert"))insertButtonClicked();
 if(arg.equals("Remove"))removeButtonClicked();
 if(arg.equals("Find")) findButtonClicked();
}
```

Bei Anklicken des "Insert"-Buttons wird die folgende Methode aufgerufen:

```
private void insertButtonClicked() {
   Integer elem=new Integer(5);
   String str=text.getText();
   elem=Integer.valueOf(str);
   htable.put(elem,"Neues Element"+str);
   showHTable();
}
```

Als erstes wird der Inhalt des Textfeldes ausgelesen. Dieses sollte eine gültige Zahl als Eintrag enthalten. Anschließend wird dieser Eintrag in eine ganze Zahl konvertiert und ein neuer Eintrag in der Hashtabelle erzeugt. Dazu wird der eingelesene Wert als Schlüssel verwendet und als Wert der String "Neues Element" plus dem eingelesenen String verwendet. Anschließend wird die Hashtabelle neu angezeigt. Die Abb. 7.2 zeigt das Ergebnis einer solchen Einfügeoperation. Wenn Sie diese Abbildung mit der Abb. 7.1 vergleichen, so werden Sie unschwer feststellen, daß sich nun der Inhalt der Hash-Tabelle total verändert hat. Dies liegt daran, daß sich die Hash-Tabelle bei diesem Beispiel vergrößert hat. Daher haben nun eine Reihe bereits vorher existierende Datenelemente ganz

7.4 Hashing mit offener Adressierung

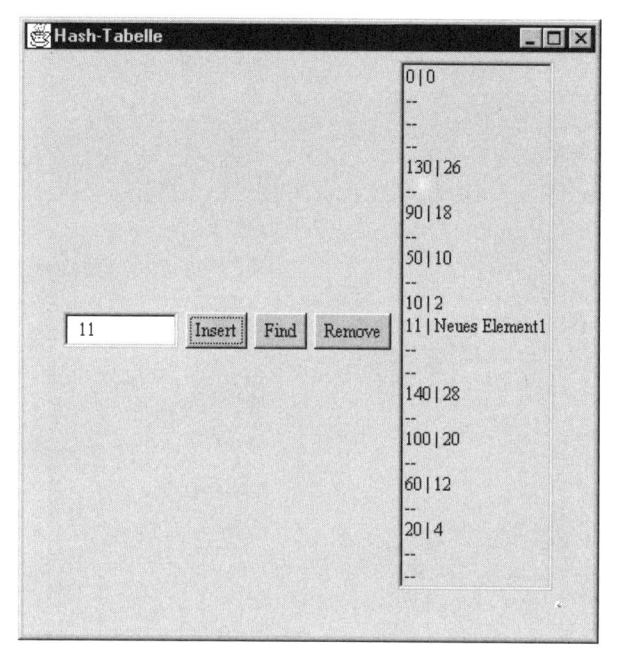

Abb. 7.2: Einfügen eines neuen Elements mit dem Schlüssel "11". Die Hash-Tabelle hat sich dabei vergrößert, so daß sich nun viele Elemente an anderen Positionen befinden.

andere Positionen in der Hash-Tabelle eingenommen. Falls der Schlüssel bereits existierte, wird selbstverständlich nur der dazugehörige Wert geändert.

Durch Anklicken des "Remove"-Buttons wird die folgende Methode aufgerufen, die einen Eintrag aus der Hash-Tabelle löscht (vgl.Abb. 7.3)

```
private void removeButtonClicked() {
   Integer elem=new Integer(5);
   String str=text.getText();
   int index=0;
   elem=Integer.valueOf(str);
   htable.remove(elem);
   showHTable();
}
```

7 Hash-Tabellen

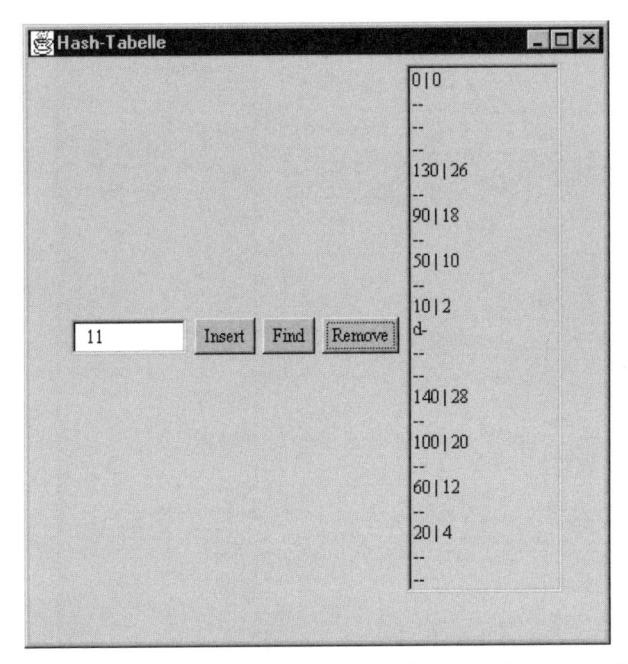

Abb. 7.3: Inhalt der Hash-Tabelle nach dem Löschen des Elements mit dem Schlüssel "11".

Dazu wird der Inhalt des Textfeldes ausgelesen und in eine ganze Zahl konvertiert. Diese Zahl wird dann als Schlüssel an die *remove*-Methode der Hashtabelle übergeben. Anschließend wird die Hash-Tabelle neu angezeigt.

Man kann auch nach einem Eintrag zu einem bestimmten Schlüssel suchen. Dazu gibt man den Suchschlüssel in das Textfeld ein und betätigt den "Find"-Button. Dadurch wird der Schlüssel in der Hash-Tabelle gesucht. Falls er existiert, wird der entsprechende Eintrag in der Listbox selektiert. Diese Aufgaben erledigt die folgende Methode:

```
private void findButtonClicked() {
   Integer elem=new Integer(5);
   int index;
   int n = htable.tableSize();
   String str=text.getText();
   elem=Integer.valueOf(str);
   index=0;
   for(int i=0;i<n;i++) liste.deselect(i);
```

7.4 Hashing mit offener Adressierung

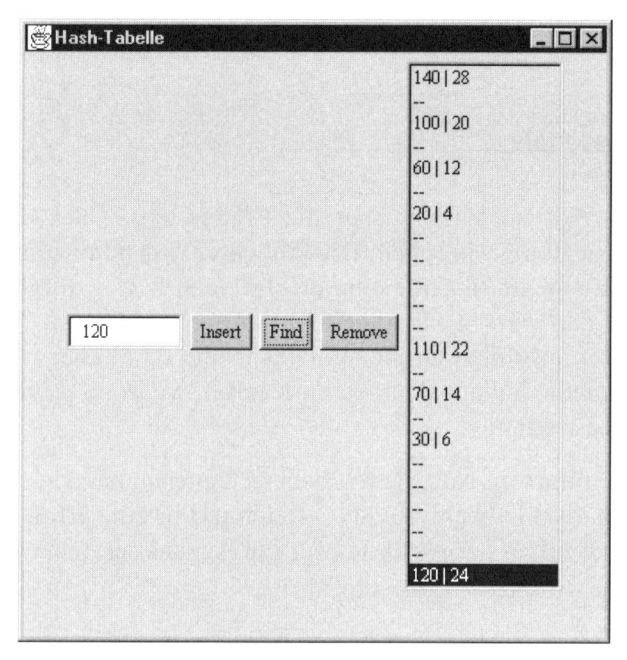

Abb. 7.4: Ergebnis der Suche nach dem Schlüssel "120"

```
    index=htable.find(elem);
    if(index <n) liste.select(index);
}
```

Nach dem Auslesen des Textfeldes werden zuallererst alle Einträge in der Listbox deselektiert. Anschließend wird der eingegebene Schlüssel mit der Funktion *find* in der Hash-Tabelle gesucht. Wenn ein entsprechender Eintrag existiert, wird ein Wert von *index* zurückgegeben, der kleiner als *tableSize* (der Größe der Hash-Tabelle) ist. In diesem Fall wird der betreffende Eintrag in der Listbox selektiert. Wenn der Schlüssel nicht existiert, ist der Wert von *index* gleich *tableSize*, und es wird nichts selektiert. Die Abbildung 7.4 zeigt das Testprogramm, wenn in der Hash-Tabelle nach dem Schlüssel "120" gesucht wird.

Die letzte Methode der Klasse *HashTest* ist die *main*-Methode:

```
public static void main(String argv[]){
   HashTest appl= new HashTest("Hash-Tabelle");
   appl.hashTest();
}
```

7.4.3 Eigenschaften

Bisher haben wir noch nicht über die Eigenschaften des Hashen mit linearem Austesten gesprochen. Dies möchten wir nun nachholen. Die Anzahl der Elemente, die für eine erfolgreiche bzw. erfolglose Suche überprüft werden müssen, hängt vom Füllungsgrad der Hash-Tabelle und nicht von ihrer absoluten Größe ab. Dies ist ein deutlicher Unterschied zu den Suchmethoden aus dem letzen Kapitel, wo die Suchzeit von der Tabellengröße abhing.

Diese rein qualitativen Aussagen lassen sich auch anhand einer gründlichen mathematischen Analyse quantifizieren. Für eine erfolgreiche Suche ergibt sich folgender Ausdruck für die Anzahl der Tests, wenn man einen Füllungsgrad α = *N/size* einführt:

$$s = \frac{1}{2} + \frac{1}{2(1-\alpha)}$$

für eine erfolgreiche Suche und für die Anzahl von Tests bei einer erfolglosen Suche ergibt sich der Ausdruck:

$$t = \frac{1}{(1-\alpha)^2}$$

Für einen Wert von α = 0.7 ergibt sich für die durchschnittliche Anzahl von Tests bei einer erfolgreichen Suche ein Wert von Zwei. Bei diesem Füllungsgrad benötigen wir bei einer erfolglosen Suche im Durchschnitt etwa elf Tests.

Wie wir den Formeln entnehmen können, wird die Anzahl der Tests sehr groß, wenn sich der Füllungsgrad dem Wert Eins nähert. Dies sollte man nicht zulassen, daher verdoppeln wir die Größe der Hash-Tabelle, wenn diese zu mehr als 70% gefüllt ist.

Bitte beachten Sie, daß diese Formeln Aussagen über die durchschnittliche Anzahl der Tests machen. Leider ist es so, daß das lineare Austesten zur Anhäufung von Einträgen führt und die Suchzeiten vor allem für nicht vorhandene Schlüssel sehr stark erhöhen kann. Diese Anhäufung erkennt man übrigens in den Abbildungen: die Datensätze scheinen in

"Haufen" aufzutreten. Bei großen Hash-Tabellen mit vielen Einträgen können diese "Haufen" sehr groß werden. Da eine erfolglose Suche erst abbricht, wenn ein leerer oder gelöschter Eintrag gefunden wird, entartet die erfolglose Suche in einer Hash-Tabelle zu einer sequentiellen Suche.

7.4.4 Benchmark-Test

Um die Leistungsfähigkeit des von uns implementierten Hash-Verfahrens zu testen, modifizieren wir das Benchmarkprogramm aus Kapitel 6 so, daß wir damit sowohl unser Hash-Verfahren, als auch die binäre und die Interpolationssuche evaluieren können. Wir wollen hier aus Platzgründen nicht das vollständige Programm wiedergeben, sondern lediglich die Methoden, mit denen wir das Hash-Verfahren testen:

```
class HashSearchBench implements
IntpolSuchCondition{
   ... //diverse Methoden

void initTTHashTable(TTHashTable vec, int anz){
   for(i=0;i<anz;i++){
      vec.put(new Integer(i),new Integer(2*i));
   }
}
   ... //diverse Methoden

void TThashBench(int anz) {
   StopUhr1 zeit= new StopUhr1();
   TTHashTable vec = new TTHashTable(anz);
   int k,j;
   initTTHashTable(vec,anz);
   zeit.start();
   for(j=0;j<10000;j++) {
      k=(int)((anz/10000)*j);
      vec.find(new Integer(k));
   }
   outStr=outStr+toString(zeit.stop())+" ms\t\t";
}
   ... //diverse Methoden
```

7 Hash-Tabellen

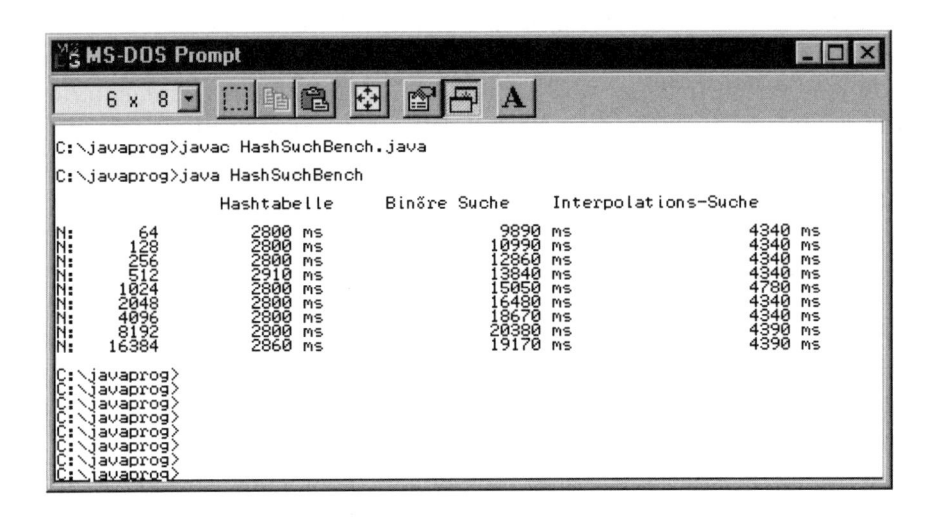

```
C:\javaprog>javac HashSuchBench.java
C:\javaprog>java HashSuchBench
              Hashtabelle    Binäre Suche   Interpolations-Suche
N:     64     2800 ms         9890 ms        4340 ms
N:    128     2800 ms        10990 ms        4340 ms
N:    256     2800 ms        12860 ms        4340 ms
N:    512     2910 ms        13840 ms        4340 ms
N:   1024     2800 ms        15050 ms        4780 ms
N:   2048     2800 ms        16480 ms        4340 ms
N:   4096     2800 ms        18670 ms        4340 ms
N:   8192     2800 ms        20380 ms        4390 ms
N:  16384     2860 ms        19170 ms        4390 ms
C:\javaprog>
C:\javaprog>
C:\javaprog>
C:\javaprog>
C:\javaprog>
C:\javaprog>
C:\javaprog>
```

Abb. 7.5: Benchmarkvergleich Hashsuche, binäre Suche und Interpolationsuche

```
public void bench() {
   int i;
   int anz=32;
   outStr=new String();
   outStr="";
   anz=32;
   for (i=0;i<9;i++) {
      anz=anz*2;
      outStr=outStr+"N:  "+toString(anz)+"\t";
      TThashBench(anz);
      binSearchBench(anz);
      intpolSearchBench(anz);
      Anzeige1.println(outStr);
      outStr="";
   }
}

...// diverse Methoden
} //end class TThashBench
```

Beachten Sie bitte, daß bei diesem Test nur nach vorhandenen Einträgen gesucht wird. Die Abbildungen 7.6 und 7.7 zeigen die ermittelten Benchmarkergebnisse. Sie zeigen, daß die Hash-Suche sehr effizient ist und

7.4 Hashing mit offener Adressierung

Suchverfahren

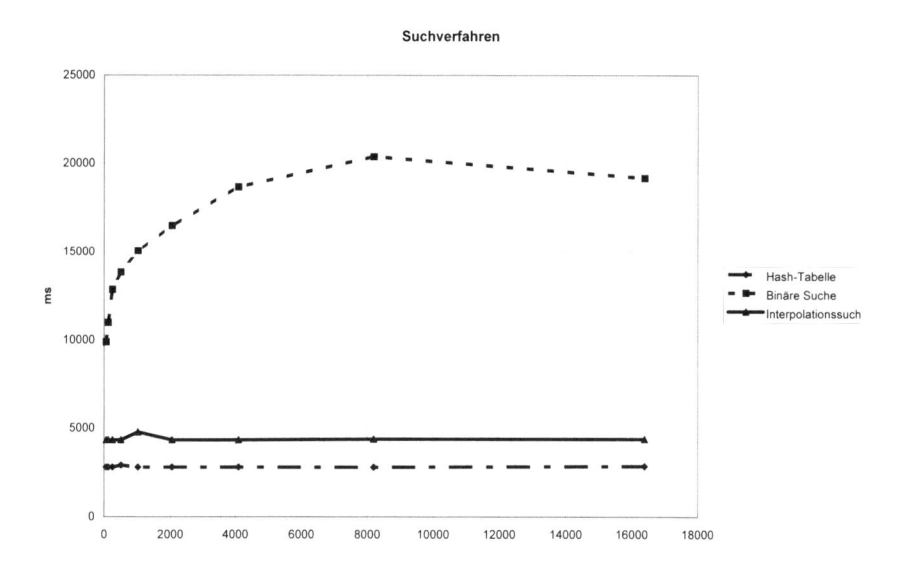

[Diagramm: x-Achse 0 bis 18000, y-Achse ms 0 bis 25000. Kurven: Hash-Tabelle, Binäre Suche, Interpolationssuch]

Abb. 7.6: Grafische Darstellung der Benchmarkergebnisse von Hashsuche, binärer Suche und Interpolationssuche

praktisch nicht von der Anzahl der Daten abhängt. Dies gilt jedoch nur für die erfolgreiche Suche, bei der erfolglosen Suche sind die Ergebnisse wesentlich schlechter.

Das folgende Listing zeigt die öffentliche Klasse, die das Hauptprogramm realisiert:

```
public class HashSuchBench {
  HashSearchBench suchTest;

  HashSuchBench() {
     suchTest= new HashSearchBench();
  }
  public void bench(){
     String outStr=new String();
     Anzeige1.println("");
     outStr=outStr+"\t\tHashtabelle \t"+
                  "Binäre Suche \t" +
                  "Interpolations-Suche";
     Anzeige1.println(outStr);
```

```
      Anzeige1.println("");
      suchTest.bench();
   }
   public static void main(String argv[]){
      String titel=new
         String("Suchverfahren im Vergleich");
      HashSuchBench suchbench=new HashSuchBench();
      suchbench.bench();
   }
}
```

7.5 Nochmals die Klasse java.util.Hashtable

Kommen wir nun noch einmal auf die Klasse *Hashtable* aus dem JDK zu sprechen. In den beiden Programmen "Hashtest.java" und "HashSuchBench.java" können Sie einfach durch Austausch der Deklaration von *TTHashTable* durch *Hashtable* diese Klasse verwenden, da die öffentliche Schnittstelle von beiden Klassen weitgehend übereinstimmt. Wenn Sie dann den Benchmarktest durchführen, so werden Sie feststellen, daß beide Hash-Tabellen-Implementierungen im Prinzip genauso schnell sind. Wodurch unterscheiden sie sich - falls sie sich überhaupt unterscheiden?

Nun die beiden Klassen verwenden eine unterschiedliche Methode mit gelöschten Einträgen umzugehen. Unsere Klasse *TTHashTable* verwendet eine spezielle Membervariable *deletedObjekt* für diesen Zweck. Die Klasse *Hashtable* des JDK arbeitet statt dessen mit einer Verkettung aller Einträge untereinander, die den gleichen Hashwert aufweisen. Wird einer verketteten Einträge gelöscht, so wird die Verkettung entsprechend geändert.

Außerdem speichert die Klasse *Hashtable* die Hashwerte der Schlüssel. Beide Eigenschaften führen dazu, daß die Klasse *Hashtable* einen größeren Speicherplatzbedarf als unsere Klasse *TTHashtable* aufweist. Dieser Unterschied ist jedoch nur von Bedeutung, wenn die zu speichernden Objekte klein sind. Andernfalls ist der Unterschied im Speicherplatzbedarf nicht von Bedeutung.

7.6 Doppeltes Hashing

Dieses ungünstige Verhalten des Hashings mit linearem Austesten läßt sich mit einem Verfahren, das sich doppeltes Hashing nennt, deutlich verbessern. Die zugrundeliegende Strategie ist die gleiche wie beim Hashing mit linearem Austesten. Allerdings wird bei Auftreten einer Kollision nicht die jeweils nächste Position getestet (Inkrement=1), sondern es wird ein festes Inkrement verwendet, das mittels einer zweiten Hash-Funktion berechnet wird.

Dies bedeutet, daß wir innerhalb der While-Schleife den Index nicht mittels der Anweisung

```
index=index +1,
```

sondern mittels

```
index = index + delta
```

erhöhen. Der Wert von *delta* wird dabei mittels einer zweiten Hash-Funktion *delta = h2(k)* berechnet. Diese zweite Hash-Funktion muß besonders sorgfältig ausgewählt werden, da ansonsten das Programm nicht funktioniert.

Die erste Randbedingung ist, daß der Wert von *delta* nicht Null werden darf, da dies bei einer Kollision zu einer Endlosschleife führen würde. Außerdem muß sichergestellt sein, daß die Größe *size* der Hash-Tabelle und der Wert delta zueinander *prim* sind. Dies läßt sich dadurch erreichen, daß man für *size* eine Primzahl verwendet und sicherstellt, daß *delta* < *size* ist. Die dritte und letzte Forderung ist, daß sich beide Hash-Funktionen unterscheiden sollten, um Anhäufungen zu vermeiden. Eine einfache, brauchbare Hash-Funktion ist zum Beispiel:

```
delta = 16 - ( k mod 16)
```

Bei dieser Hash-Funktion werden nur die letzten vier Bits des Schlüssels verwendet.

Mittels doppeltem Hashing lassen sich die Suchzeiten vor allem bei der erfolglosen Suche deutlich verbessern. Die durchschnittliche Anzahl von Tests bei der erfolglosen Suche beträgt weniger als fünf, wenn die Tabelle zu weniger als 80% gefüllt ist (lineares Austesten: weniger als dreizehn Tests).

Leider können wir unsere Hash-Tabellenimplementierung nicht so einfach auf doppeltes Hashing erweitern. Der Grund dafür ist, daß wir die Größe der Hash-Tabelle verdoppeln, wenn sie zu stark gefüllt ist. Damit ist *size* keine Primzahl mehr und die Chance, daß die While-Schleife bei doppeltem Hashing nicht terminiert, ist recht groß. Um doppeltes Hashing dennoch einzusetzen, müßten wir unsere Hash-Tabelle so vergrößern, daß der Wert von *size* immer eine Primzahl ist. Darauf wollen wir hier jedoch verzichten und die Implementierung eines solchen Verfahrens dem Leser zur Übung überlassen.

7.7 Hashing mit getrennter Verkettung

Als letztes Hash-Verfahren wollen wir Hashing mit getrennter Verkettung betrachten. Dieses Verfahren benötigt für die Implementierung lineare Listen. Der Vorteil dieses Hashverfahrens ist, daß der Speicherplatzbedarf bei der Speicherung kleiner Objekte geringer sein kann als beim offenen Hashing. Dies wird allerdings durch eine höhere Zugriffszeit erkauft.

Daher wollen wir uns im folgenden kurzfassen und nur auf die wichtigsten Eigenschaften dieses Hash-Verfahrens eingehen.

Beim Hashing mit getrennter Verkettung werden alle Datensätze, die auf ein und dieselbe Adresse abgebildet werden, in einer verketteten Liste gespeichert. Bei einer Hash-Tabelle mit der Größe M benötigt man also M verkettete Listen, die im allgemeinen alle eine unterschiedliche Größe aufweisen. Wenn nun ein Datensatz mit einem bestimmten Schlüssel gesucht wird, berechnet man zuerst die Tabellenadresse *index* mittels der Hash-Funktion. Anschließend durchsucht man die lineare Liste, die man unter dieser Tabellenadresse erreicht, nach dem gegebenen Schlüssel.

In gewisser Hinsicht ist dieses Hash-Verfahren eine Kombination von Hashing und linearer Suche. Eine einfache lineare Suche über N Datensätze benötigt im Mittel N/2 Tests bei einer erfolgreichen und N+1 Tests bei einer erfolglosen Suche. Bei dem Hashing mit getrennter Verkettung und einer Hash-Tabellengröße M kann man erwarten, daß die entstehenden linearen Listen etwa gleich lang sind und die Suchzeiten reduzieren sich im Mittel auf N/(2M) Tests bei einer erfolgreichen und auf N/M Tests bei einer erfolglosen Suche.

Wählt man beispielsweise M=N/10 (N ist die Anzahl der maximal zu erwartenden Datensätze), so sind im Mittel maximal zehn Tests für eine erfolglose Suche erforderlich, und man kann erwarten, daß die Listen im Durchschnitt etwa zehn Datensätze enthalten. Der große Vorteil der getrennten Verkettung ist, daß man recht kurze Suchzeiten erhalten kann und die maximale Anzahl von Datensätzen nicht im voraus bekannt sein muß. Hat man die Anzahl der Datensätze unterschätzt, steigen lediglich die Suchzeiten etwas an, hat man die Anzahl überschätzt, hat man lediglich etwas zuviel Speicherplatz für die Hash-Tabelle verschwendet.

Wir wollen hier von einer Implementierung des Hashings mit linearer Verkettung absehen, da im allgemeinen das vorher vorgestellte offene Hashing mit Rehashing ausreichend ist.

7.8 Zusammenfassung

Das in diesem Kapitel implementierte Hash-Verfahren erlaubt effiziente Suchvorgänge. Gegenüber den Verfahren aus dem letzten Kapitel (lineare Suche, binäre Suche und Interpolation-Suche) können wir nur mit eindeutigen Schlüsseln arbeiten. Ein weiterer Nachteil ist, daß der Speicherplatzbedarf höher ist und daß erfolglose Suchvorgänge ineffizienter als bei der binären oder der Interpolationssuche sind. Ein weiterer Nachteil ist, daß man keine Aussage über die Leistungsfähigkeit im ungünstigsten Fall machen kann.

Von diesen Nachteilen einmal abgesehen, ist Hashing eine geeignete Methode für viele Suchvorgänge, die eine höhere Effizienz als die binäre Suche aufweisen kann.

8 Bags und Sets - für Spezialaufgaben

8.1 Einleitung

In diesem Kapitel wollen wir einige Datenstrukturen behandeln, die auf Hash-Tabellen basieren, und einige interessante Anwendungen haben.

Bags - oder zu deutsch "Säcke" - sind Datenstrukturen, die Datenelemente ungeordnet speichern. Sie haben außerdem die besondere Eigenschaft, daß sie gleiche Datenelemente nur einmal speichern und sich deren Anzahl merken. Sie können beispielsweise dazu benutzt werden, alle verwendeten Wörter in einem Text und deren Anzahl zu ermitteln.

Sets, zu deutsch "Mengen", sind Datenstrukturen, die den Bags sehr ähnlich sind. Auch sie speichern jedes Datenelement nur einmal, auch wenn es mehrmals eingefügt wurde. Im Unterschied zu einem Bag zählen sie jedoch nicht die Anzahl von mehrfach eingefügten Datenelementen.

Die in dem letzten Kapitel untersuchten Hash-Tabellen können für die Implementierung von beiden Datenstrukturen verwendet werden, da sie die wichtige Eigenschaft mitbringen, Datenelemente mit gleichem Schlüssel nur einmal zu speichern. Im folgenden wollen wir untersuchen, wie Sie mit Hash-Tabellen Bags und Sets implementieren können. Außerdem werden wir auch Implementierungen von Bags und Sets kennenlernen, die einen geringeren Speicherplatz-Overhead aufweisen. Im folgenden wollen wir für Illustrationszwecke einmal annehmen, daß unsere Datenelemente Strings sind.

8.2 Bags

8.2.1 Implementierung mittels Hash-Tabellen

Grundlage für die Implementierung eines Bags ist eine geeignete Datenstruktur. Zum einen müssen wir die eigentlichen Daten eines Datenelements speichern, zum anderen die Anzahl gleichartiger Datenelemente. Es bietet sich daher an, eine ähnliche Struktur wie bei einer Hash-Tabelle zu definieren. Wenn unsere Datenelemente beliebige Objekte sind und wir für die Anzahl eine Variable vom Typ Long verwenden, so könnten wir folgende Datenstruktur für die Implementierung eines Bags verwenden:

```
class BagElement {
   public Object key;
   public int anzahl;
}
```

Die Variable *key* enthält dabei das eigentliche Datenelement und die Variable *anzahl* die Anzahl gleicher Datenelemente. Wenn wir diese Datenstruktur einmal mit der zugrundeliegenden Hash-Tabellenstruktur vergleichen

```
class KeyValuePair {
   public Object key;
   public Object value;
}
```

so erkennen wir, daß wir auch diese Datenstruktur für die Implementierung eines Bags nutzen können. Dies bedeutet, wir können die im letzten Kapitel beschriebene Hash-Tabellen-Klasse *TTHashTable* für die Implementierung eines Bags verwenden. Ebenso gut könnten wir auch die Klasse *Hashtable* des JDKs dazu heranziehen.

Auf der Basis einer Hash-Tabelle läßt sich folgende Implementierung eines Bags realisieren:

```
import TTHashTable;

public class TTBag {
   private TTHashTable table;
```

8.2 Bags

```
public TTBag(int initialSize){
   table=new TTHashTable(initialSize);
}
public TTBag(){
   table=new TTHashTable(10);
}
public int size() {
   return table.size();
}
public boolean isEmpty() {
   return table.isEmpty();
}
public int tableSize() {
   return table.tableSize();
}
public synchronized Object
   getElemAt(int index)   {
   return table.getElemAt(index);
}
public String toStringAt(int index) {
   return table.toStringAt(index);
}
public synchronized Object put(Object key)   {
   //siehe weiter unten
   ...
}
public synchronized
   Object remove(Object key) {
   //siehe weiter unten
   ...
}
public synchronized void clear() {
   //alle Einträge in Bag löschen
   table.clear();
}
public synchronized Object get(Object key) {
   return table.get(key);
}
public synchronized boolean
   containsKey(Object key) {
```

```
            return table.containsKey(key);
         }
         public synchronized int find(Object key) {
            return table.find(key);
         }
}
```

Sie sehen, daß die Implementierung der meisten Methoden eines Bags auf der Basis einer Hashtabelle trivial ist. Lediglich die *put*- und die *remove*-Operation sind komplizierter.

Bei der Einfügeoperation muß unterschieden werden, ob der Datensatz bereits existiert oder nicht. Falls der Datensatz noch nicht existiert, so wird ein neues Objekt in die Hash-Tabelle eingefügt, wobei der *Key* das einzufügende Datenelement repräsentiert. Der Wert der Variablen *value* wird dabei auf den Wert Eins gesetzt. Falls das Datenelement bereits existiert, muß der Wert von *value* um eins erhöht werden. Diese Überlegungen führen zu der folgenden Implementierung der *put*-Methode:

```
public synchronized Object put(Object key)  {
   int index=0;
   index=table.find(key);
   if(index == table.tableSize()) {
      //Key existiert nicht, neuen Eintrag
      //mit Anzahl 1 einfügen
      table.put(key, new Integer(1));
      return null;
   }
   // Key existiert, Anzahl inkrementieren
   KeyValuePair old=table.getElemAt(index);
   old.key=key;
   Integer value= (Integer) old.value;
   value=new Integer((int)(value.longValue()+1));
   old.value=value;
   return old.key;
}
```

Diese Methode arbeitet wie besprochen. Zuerst wird mittels der Methode *find* das Datenelement in der zugrundeliegenden Hash-Tabelle gesucht. Falls es existiert, wird es mittels der *getElemAt*-Methode aus der Hashtabelle ausgelesen und der Wert (= Anzahl) des gefundenen Datensatzes um eins erhöht. Der ganze Krampf, der dazu notwendig ist, ist deswegen erforderlich, weil die Java-Entwickler schlicht und ergreifend vergessen haben, die üblichen arithemtischen Operationen bei der Integer-Klasse zu implementieren. Dies gilt übrigens auch für die anderen Klassen, die numerische Datentypen implementieren.

Falls der Datensatz nicht gefunden wurde, wird ein neues Element in die Hash-Tabelle mittels der *put*-Methode eingefügt.

Ganz ähnlich arbeitet die *remove*-Methode. Diese arbeitet im Prinzip wie die Einfügeoperation, nur mit umgekehrtem Vorzeichen:

```
public synchronized Object remove(Object key) {
   int index=find(key);
   if(index <table.tableSize()) {
      //Eintrag existiert, Anzahl dekrementieren
      KeyValuePair old=table.getElemAt(index);
      Integer value= (Integer) old.value;
      value=new
         Integer((int)(value.longValue()-1));
      old.value=value;
      if (value.longValue() == 0){
          table.remove(key);
      }
      return key;
   }
   return null;
}
```

Zuerst wird das Datenelement im Bag mit der Funktion *find* gesucht. Falls es gefunden wurde, wird untersucht, ob die Anzahl noch größer als Eins ist. Falls ja, wird die Anzahl um eins dekrementiert. Falls die Anzahl gleich Null ist, wird der Datensatz mit der *remove*-Methode der Klasse *TTHashTable* entfernt.

8.2.2 Ein kleines Testprogramm

Da die bisherigen Ausführungen doch recht abstrakt waren, wollen wir uns damit anhand eines kleinen Testprogramms mit Bags praktisch auseinandersetzen. Die Abbildung 8.1 zeigt das Dialogfenster nach dem

Programmstart, die Listbox zeigt den Inhalt des Bags mit der Anzahl der Objekte an. Bei Programmstart ist jeder Eintrag nur einmal vorhanden. Das Testprogramm stimmt bis auf kleine Unterschiede mit dem Testprogramm für Hash-Tabellen überein (die Unterschiede sind durch Fettdruck hervorgehoben):

```
public class BagTest extends Frame {
   List liste;
   TTBag bag;
   TextField text;

   BagTest(String titel) {
      super(titel);
      setLayout(new FlowLayout());
      text=new TextField(10);
      add(text);
      add(new Button("Insert"));
      add(new Button("Find"));
      add(new Button("Remove"));
      liste=new List(20,false);
      liste.setMultipleSelections(true);
      add(liste);
      resize(400,350);
      show();
   }
   public void bagTest() {
      bag=new TTBag(21);
      fillTable();
      showHTable();
   }

   public void showHTable() {
      int i;
      liste.clear();
      for(i=0;i<bag.tableSize();i++){
         liste.addItem(bag.toStringAt(i));
      }
   }
   public boolean action(Event e, Object arg) {
      if(e.target instanceof Button)
```

8.2 Bags

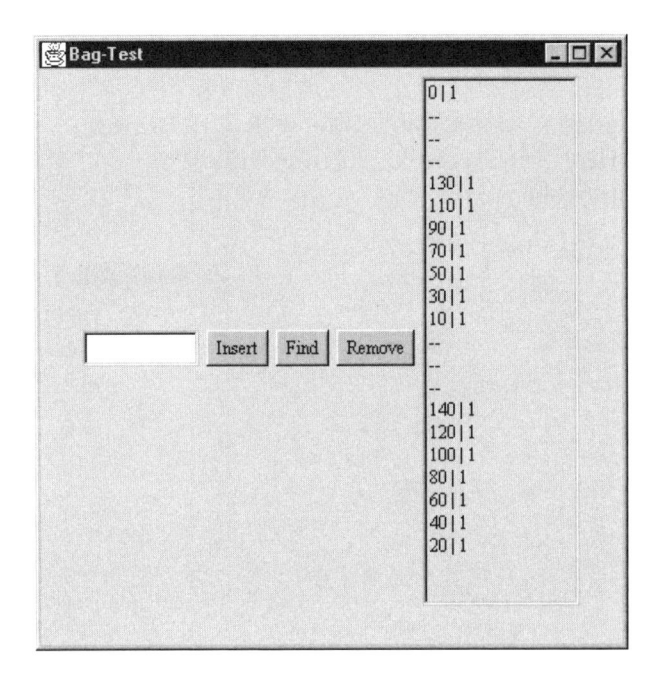

Abb. 8.1: Inhalt des Bags nach dem Füllen mit Daten. Jeder Datensatz ist nur einmal vorhanden.

```
      buttonClicked((String) arg);
   return true;
}
private void buttonClicked(String arg) {
   if(arg.equals("Insert"))
       insertButtonClicked();
   if(arg.equals("Remove"))
      removeButtonClicked();
   if(arg.equals("Find"))
      findButtonClicked();
}
```

Durch Eingabe eines Wertes in das Textfeld und Anklicken des "Find"-Buttons wird der entsprechende Datensatz im Bag gesucht. Wenn er existiert, wird der Eintrag in der Listbox selektiert (Abb. 8.2):

```
private void findButtonClicked() {
   Integer elem=new Integer(5);
   int index;
   int n = bag.tableSize();
```

149

8 Bags und Sets - für Spezialaufgaben

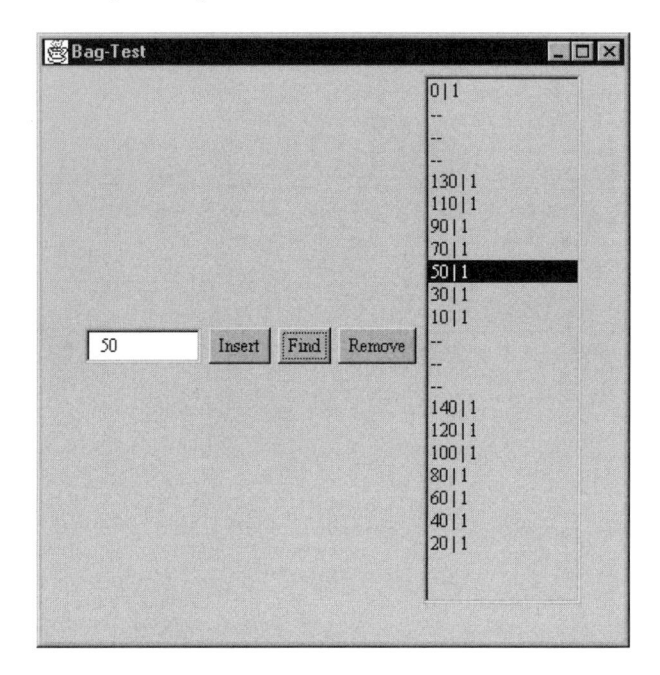

Abb. 8.2: Suchen eines Datensatzes im Bag

```
   String str=text.getText();
   elem=Integer.valueOf(str);
   index=0;
   for(int i=0;i<n;i++) liste.deselect(i);
   index=bag.find(elem);
   if(index <n) liste.select(index);
}
```

Durch Eingabe eines Wertes im Textfeld und Anklicken des Einfügen-Buttons werden neue Datensätze in den Bag eingefügt:

```
private void insertButtonClicked() {
   Integer elem=new Integer(5);
   String str=text.getText();
   elem=Integer.valueOf(str);
   bag.put(elem);
   showHTable();
}
```

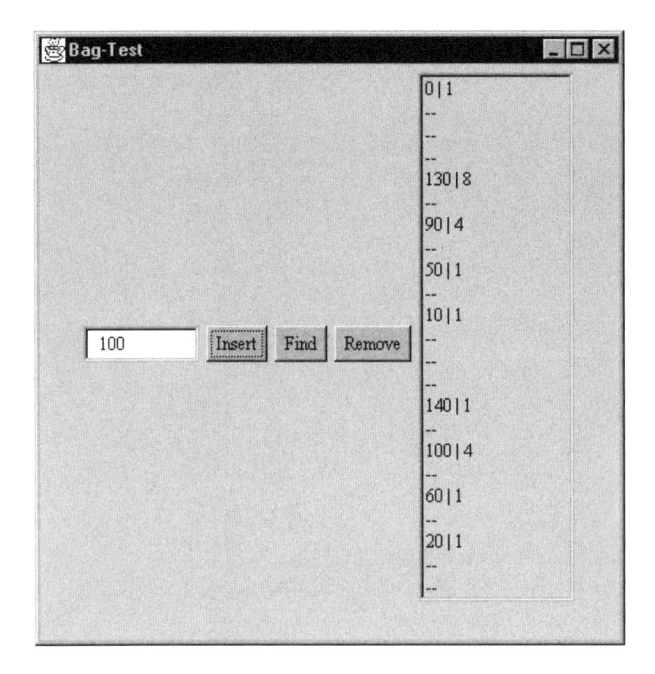

Abb. 8.3: Inhalt des Bags nach dem Einfügen mehrerer Datensätzes. Einige Datensätze sind nun mehr als einmal vorhanden.

Falls der betreffende Datensatz bereits existiert, wird kein neuer Eintrag erzeugt, sondern es wird lediglich dessen Zähler inkrementiert. Die Abbildung 8.3 zeigt den Inhalt des Bags nach dem Einfügen mehrerer Datensätze. Wie man sieht, existieren einige Datensätze nun mehr als einmal in dem Bag.

Durch Eingabe eines Wertes und Anklicken des Löschen-Buttons wird ein Datensatz aus dem Bag entfernt:

```
private void removeButtonClicked() {
   Integer elem=new Integer(5);
   String str=text.getText();
   int index=0;
   elem=Integer.valueOf(str);
   bag.remove(elem);
   showHTable();
}
```

8 Bags und Sets - für Spezialaufgaben

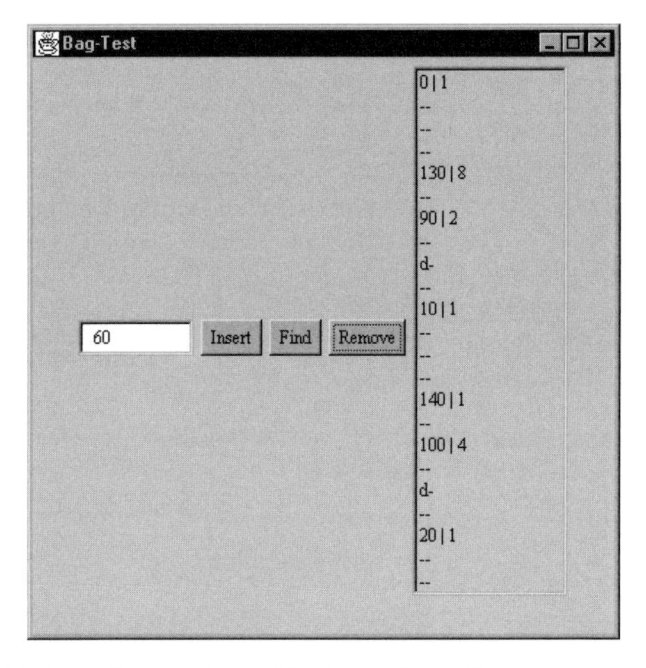

Abb. 8.4: Inhalt des Bags nach dem Löschen mehrerer Datensätze.

Falls ein Datensatz mehrmals existiert, wird nur dessen Zähler dekrementiert. Die Abbildung 8.4 zeigt den Inhalt des Bags nach dem Löschen mehrerer Datensätze.

8.2.3 Eine speicherplatzoptimierte Implementation eines Bags

Bevor wir auf die Anwendungsmöglichkeiten eines Bags näher eingehen, wollen wir noch untersuchen, wie wir einen Bags so implementieren können, daß weniger Speicherplatz verbraucht wird. Eingangs hatten wir folgende Datenstruktur vorgeschlagen:

```
class BagElement {
   public Object key;
   public int anzahl;
}
```

wir haben aber statt dessen die Datenstruktur

8.2 Bags

```
class KeyValuePair {
  public Object key;
  public Object value;
}
```

verwendet, um von der bereits exisitierenden Implementierung einer Hash-Tabelle zu profitieren. Eine komplette Neuimplementierung auf der Basis der Datenstruktur *BagElement* hätte den Vorteil, pro Datensatz wesentlich weniger Speicherplatz zu verbrauchen. Außerdem wäre das Inkrementieren und Dekrementieren der Anzahl Datensätze wesentlich einfacher.

Wenn wir die Datenstruktur *BagElement* verwenden, können wir im Prinzip die Implementierung einer Hash-Tabelle verwenden und müssen im wesentlichen nur die *put-* und die *remove*-Methoden abändern. Die folgende Klasse *TTBagOpt* zeigt die entsprechende Implementierung eines solchen speicherplatzoptimierten Bags, wobei die Unterschiede zu der Implementierung der Klasse *TTHashTable* durch Fettdruck hervorgehoben sind:

```
class BagElement{
   public Object key;
   public int anzahl;
   public BagElement() {
      key=null;
      anzahl=0;
   }


   public String toString() {
      return key.toString()+" |
         "+Integer.toString(anzahl);
   }
}
}
public class TTBagOpt {
   private BagElement data[];
   private int n;
   private BagElement deletedObject;

   public TTBagOpt(int initialSize){
      data=new BagElement[initialSize];
```

```java
      n=0;
      deletedObject= new BagElement();
   }
   public TTBagOpt(){
      data=new BagElement[10];
      n=0;
      deletedObject= new BagElement();
   }
   public int size() {
      return n;
   }
   public boolean isEmpty() {
      return n==0;
   }
   public int tableSize() {
      return data.length;
   }
   public synchronized BagElement
      getElemAt(int index)   {
      return data[index];
   }
   public String toStringAt(int index) {
      BagElement elem;
      elem=data[index];
      if(isNull(elem)) return "--";
      if(isDeleted(elem)) return "d-";
      return elem.toString();
   }
   public synchronized Object put(Object key)   {
   //siehe weiter unten
   ...
   }
    public synchronized Object
      remove(Object key) {
   // siehe weiter unten
   ...
   }
   public synchronized void clear() {
    //alle Einträge in löschen
      for(int index=0;index<data.length;index++){
```

```
      data[index]=null;
   }
   n=0;
}
public synchronized int get(Object key) {
   int index=find(key);
   if(index < data.length) return
      data[index].anzahl;
   return 0;
}
public synchronized boolean
   containsKey(Object key) {
   int index=find(key);
   if(index < data.length) return true;
   return false;
}
public synchronized int find(Object key) {
//bei erfolgloser Suche wird
//data.length zurückgegeben
   int index=key.hashCode() % data.length;
   while(!isNull(data[index])) {
      if(!isDeleted(data[index]) &&
         data[index].key.equals(key)) {
         return index;
      }
      index++;
      if (index >=data.length) index=0;
   }
   return data.length;
}
private void enlarge() {
// siehe weiter unten
...
}
private void
   internPut(Object key, int anzahl)   {
// siehe weiter unten
...
}
private boolean isNull(BagElement o) {
```

```
      return (o==null);
    }
    private boolean isDeleted(BagElement o) {
      return (o==deletedObject);
    }
}
```

Bis auf marginale Änderungen unterscheiden sich die meisten Methoden nicht wesentlich von den entsprechenden Methoden der Klasse TTHashTable. Im folgenden werden wir daher nur noch auf die Methoden eingehen, die substantielle Änderungen aufweisen.

Betrachten wir als erstes die *put*-Methode. Diese hat als ersten, wesentlichen Unterschied nur noch einen statt zwei Parameter, da nur noch Schlüssel eingefügt werden (auch hier sind die Änderungen durch Fettschrift ausgezeichnet):

```
public synchronized Object put(Object key)  {
    int index=0;
    if(n > (int)(0.7*data.length)) enlarge();
    index=find(key);
    //ist Key schon in der Tabelle?
    if(index ==data.length) {
      //Key existiert nicht,
      //Position zum einfügen suchen
      index=key.hashCode() % data.length;
      while (!(isNull(data[index]) ||
              isDeleted(data[index]))) {
        index++;
        if(index >=data.length) index=0;
      }
      n++;
      data[index]=new BagElement();
      data[index].key=key;
      data[index].anzahl=1;
      return null;
    }
    Object old=data[index].key;
    data[index].anzahl=data[index].anzahl+1;
    return key;
}
```

8.2 Bags

Die Änderungen sind relativ geringfügig. Wird ein neuer Schlüssel eingefügt, wird die Anzahl auf den Wert Eins gesetzt. Existiert der Eintrag bereits, wird dessen Anzahl inkrementiert. Bei der Hash-Tabelle wird statt dessen der übergebene Wert value in die Instanz der Klasse *KeyValuePair* eingetragen.

Die *remove*-Methode weist ebenfalls keine allzu großen Änderungen gegenüber der Klasse *TTHashTable* auf:

```
public synchronized Object remove(Object key){
   int index=find(key);
   if(index <data.length) {
      data[index].anzahl=data[index].anzahl-1;
      if(data[index].anzahl==0){
         data[index]=deletedObject;
         n--;
      }
      return key;
   }
   return null;
}
```

Die Anzahl eines Schlüssels wird bei jedem Aufruf dieser Methode dekrementiert, bis der Wert Null erreicht wird. In diesem Fall wird der entsprechende Eintrag gelöscht.

Die Methode zum Vergrößern eines Bags unterscheidet sich im Prinzip nicht von der Methode zur Vergrößern einer Hash-Tabelle. Allerdings kann die Methode *enlarge* eines Bags beim Rehashen nicht die put-Methode aufrufen, da sonst die aktuelle Anzahl des Schlüssels verloren ginge. Statt dessen muß man eine Methode *internPut* aufrufen, die wie die *put*-Methode der Hashtabelle zwei Parameter aufweist:

```
private void enlarge() {
   int i;
   int t=0;
   int size=tableSize();
   int anz=n;
   BagElement tempTable[]= new BagElement[n];
   //alle echten Einträge in
   //Hilfstabelle umkopieren
   t=0;
```

8 Bags und Sets - für Spezialaufgaben

```
   for(i=0;i<size;i++) {
      if(!(isNull(data[i])
         ||isDeleted(data[i]))) {
        tempTable[t]=data[i];
          t++;
      }
   }
   size=size*2;
   data=new BagElement[size];
   n=0;
   for(i=0;i<anz;i++)
      internPut(tempTable[i].key,
         tempTable[i].anzahl);
   }


private void internPut(Object key,int anzahl) {
//entspricht im wesentlicen der put-Methode der
//Klasse TTHashTable
   int index=0;
   index=find(key);
   //ist Key schon in der Tabelle?
   if(index ==data.length) {
     //Key existiert nicht,
     //position zum einfügen suchen
     index=key.hashCode() % data.length;
     while (!(isNull(data[index])
            ||isDeleted(data[index]))) {
        index++;
        if(index >=data.length) index=0;
     }
     n++;
     data[index]=new BagElement();
     data[index].key=key;
     data[index].anzahl=anzahl;
     return;
   }
   data[index].key=key;
   data[index].anzahl=anzahl;
}
```

Man kann sich darüber streiten, ob sich der Aufwand für eine speicherplatzoptimierte Version lohnt. Das hängt davon ab, wie viele verschiedene Bags Sie in Ihrem Programm verwenden und wie viele Daten Sie in einem Bag verwalten wollen. In vielen Fällen dürfte die erste Version vollkommen ausreichend sein. Falls Sie aber zehntausende von Daten verwalten wollen, sollten Sie die zweite Fassung verwenden.

Eine noch bessere Speicherplatzausnutzung kann man übrigens erzielen, wenn man nicht Hashing, sondern lineare oder binäre Suchen als Grundlage eines Bags verwendet. Wenn man die lineare Suche verwendet, sind die Zugriffszeiten allerdings recht hoch. Bei der binären Suche ist das Einfügen neuer Datensätze relativ aufwendig. Man sieht, daß auch hier die beiden Ziele "Speicherplatzoptimierung" und "Rechenzeitoptimierung" immer konträr zueinander stehen.

Bevor wir uns mit Anwendungsmöglichkeiten von Bags beschäftigen, wollen wir uns noch mit der Implementierung von Sets auseinandersetzen

8.3 Sets

Sets sind Bags im Grunde genommen sehr ähnlich. Der wesentliche Unterschied ist, daß ein Bag die Anzahl identischer Datensätze festhält, während ein Set lediglich die Daten speichert. Werden in einem Bag identische Datensätze mehrfach eingefügt, so werden sie nur einmal zusammen mit ihrer Anzahl gespeichert. In einem Set werden sie auch nur einmal gespeichert, aber es wird nicht festgehalten, ob sie einmal oder mehrfach existieren.

Uns stehen eine ganze Reihe von Möglichkeiten zur Verfügung, um Sets zu implementieren. Wir könnten zum einen die lineare oder die binäre Suche als Grundlage für die Implementierung verwenden. Die lineare Suche erlaubt jedoch keine kurzen Zugriffszeiten und bei der binären Suche ist das Einfügen neuer Datensätze aufwendig. Außerdem muß man sicherstellen, daß beim mehrfachen Einfügen identischer Datensätze diese nur einmal gespeichert werden. Wir müßten daher modifizierte Versionen der linearen oder binären Suche verwenden.

Eine weitere Alternative ist es, wie bei Bags eine Hash-Tabelle zu benutzen. Wir könnten außerdem Sets auf der Basis von Hash-Verfahren implementieren, aber eine Datenstruktur verwenden, die nur die Schlüssel und keine Werte speichert. Dies ist sicherlich die beste Variante, da sie mit dem wenigsten Speicherplatz auskommt.

8.3.1 Implementierung mittels Hash-Tabellen

Bevor wir uns mit dieser speicherplatzoptimalen Variante beschäftigen, wollen wir Sets zuerst einmal wie Bags implementieren: Wir verwenden die Hash-Tabellenimplementierung aus dem letzten Kapitel. Eine solche Implementierung ist sehr einfach und ähnelt der zuerst vorgestellten Bag-Implementierung:

```
import TTHashTable;
public class TTSet {
   private TTHashTable table;
   public TTSet(int initialSize){
      table=new TTHashTable(initialSize);
   }
   public TTSet(){
      table=new TTHashTable(10);
   }
   public int size() {
      return table.size();
   }
   public boolean isEmpty() {
      return table.isEmpty();
   }
   public int tableSize() {
      return table.tableSize();
   }
   public synchronized Object
      getElemAt(int index)   {
      return table.getElemAt(index);
   }
   public String toStringAt(int index) {
      return table.toStringAt(index);
   }
```

```
    public synchronized Object put(Object key)   {
       return  table.put(key, new Integer(1));
    }
    public synchronized Object
       remove(Object key) {
       return table.remove(key);
    }
    public synchronized void clear() {
       table.clear();
    }
    public synchronized Object get(Object key) {
       return table.get(key);
    }
    public synchronized boolean
       containsKey(Object key) {
       return table.containsKey(key);
    }
    public synchronized int find(Object key) {
       return table.find(key);
    }
}
```

Wie man sieht, ist die Implementierung eines Sets auf der Basis einer Hash-Tabelle außerordentlich einfach, da alle Methodenaufrufe direkt an die unterliegende Hash-Tabelle weitergereicht werden. Damit aus der Hash-Tabelle ein Set wird, muß lediglich die *put*-Methode so abgeändert werden, daß sie nur einen Parameter aufweist. Das übergegebene Objekt wird dann als Schlüssel für den *put*-Aufruf der Hash-Tabelle verwendet, als Wert wird einfach ein Integer-Objekt mit dem Wert Eins übergeben.

Auf der beiliegenden CD finden Sie ein Testprogramm "SetTest.java", mit dem Sie diese Implementierung austesten können. Die Abbildung 8.5 zeigt die Form dieses Testprogramms und den Inhalt des Sets nach diversen Einfüge- und Löschoperationen. Im Unterschied zu einem Bag ist die Anzahl (rechte Spalte) stets gleich eins.

8 Bags und Sets - für Spezialaufgaben

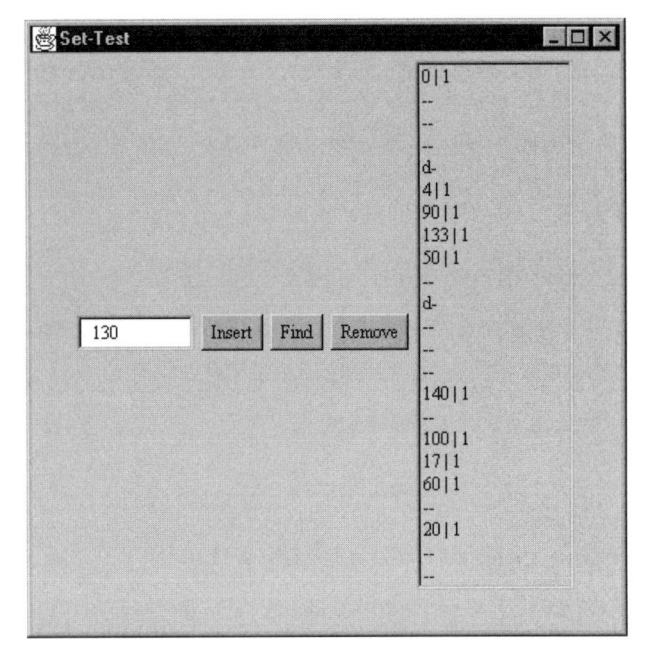

Abb. 8.5: Inhalt eines Sets nach diversen Einfüge- und Löschoperationen. Der Anfangsdatenbestand ist mit dem Anfangsdatenbestand des Bags in Abbildung 8.1 identisch.

8.3.2 Speicherplatzoptimierte Implementierung eines Sets

Wir möchten nun untersuchen, wie wir Sets so implementieren können, daß der Speicherplatzbedarf möglichst gering ist. Wir wollen dazu grundsätzlich Hashing verwenden, da es einen guten Kompromiß zwischen Speicherplatzbedarf und Zugriffszeit bietet. Als grundlegende Datenstruktur verwenden wir eine Klasse *SetElement*:

```
class SetElement{
   public Object key;
   public SetElement() {
      key=null;
   }
   public String toString() {
      return key.toString();
   }
}
```

8.3 Sets

Die eigentliche Set-Klasse *TTSetOpt* unterscheidet sich nur geringfügig von der Implementierung der Klasse *TTHashTable* (die Unterschiede sind durch Fettdruck hervorgehoben):

```
public class TTSetOpt {
   private SetElement data[];
   private int n;
   private SetElement deletedObject;

   public TTSetOpt(int initialSize){
      data=new SetElement[initialSize];
      n=0;
      deletedObject= new SetElement();
   }
   public TTSetOpt(){
      data=new SetElement[10];
      n=0;
      deletedObject= new SetElement();
   }
   public int size() {
      return n;
   }
   public boolean isEmpty() {
      return n==0;
   }
   public int tableSize() {
      return data.length;
   }
   public synchronized SetElement
      getElemAt(int index)  {
      return data[index];
   }
   public String toStringAt(int index) {
      SetElement elem;
      elem=data[index];
      if(isNull(elem)) return "--";
      if(isDeleted(elem)) return "d-";
      return elem.toString();
   }
   public synchronized Object put(Object key)  {
```

163

```
         int index=0;
         if(n > (int)(0.7*data.length)) enlarge();
         index=find(key);
         //ist Key schon in der Tabelle?
         if(index ==data.length) {
            //Key existiert nicht,
            //Position zum einfügen suchen
            index=key.hashCode() % data.length;
            while (!(isNull(data[index])
                  || isDeleted(data[index]))) {
               index++;
               if(index >=data.length) index=0;
            }
            n++;
            data[index]=new SetElement();
            data[index].key=key;
            return null;
         }
         Object old=data[index].key;
         return key;
      }
      public synchronized Object
         remove(Object key) {
         int index=find(key);
         if(index <data.length) {
            data[index]=deletedObject;
            n--;
            return key;
         }
         return null;
      }
      public synchronized void clear() {
         for(int index=0;index<data.length;index++){
            data[index]=null;
         }
         n=0;
      }
      public synchronized boolean
         containsKey(Object key) {
         int index=find(key);
```

```
      if(index < data.length) return true;
      return false;
   }
   public synchronized int find(Object key) {
   //bei erfolgloser Suche wird
   //data.length zurückgegeben
      int index=key.hashCode() % data.length;
      while(!isNull(data[index])) {
         if(!isDeleted(data[index])
            && data[index].key.equals(key)) {
            return index;
         }
         index++;
         if (index >=data.length) index=0;
      }
      return data.length;
   }
   private void enlarge() {
      int i;
      int t=0;
      int size=tableSize();
      int anz=n;
      SetElement tempTable[]= new SetElement[n];
      //alle echten Einträge
      //in Hilfstabelle umkopieren
      t=0;
      for(i=0;i<size;i++) {
         if(!(isNull(data[i])
         ||isDeleted(data[i]))) {
            tempTable[t]=data[i];
            t++;
         }
      }
      size=size*2;
      data=new SetElement[size];
      n=0;
      for(i=0;i<anz;i++) put(tempTable[i].key);
   }
   private boolean isNull(SetElement o) {
      return (o==null);
```

8 Bags und Sets - für Spezialaufgaben

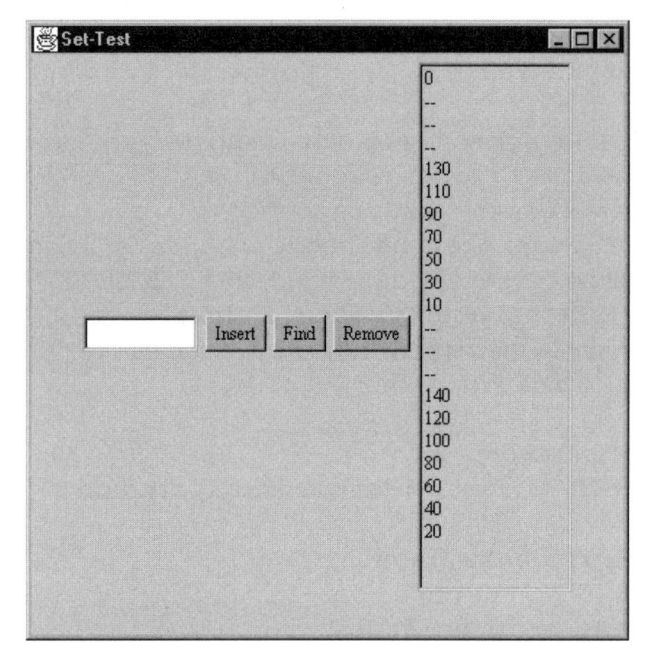

Abb. 8.6: Inhalt eines Sets nach dem Füllen mit Testdaten

```
    }
    private boolean isDeleted(SetElement o) {
       return (o==deletedObject);
    }
}
```

8.3.3 Ein kleines Testprogramm

Zur Veranschaulichung wollen wir auch ein kleines Testprogramm für Sets ("SetTestOpt.java") erstellen. Der Aufbau des Dialogfensters ist bereits wohlbekannt (Abb. 8.7), so daß wir darüber nicht viel Worte verlieren müssen. Der Quelltext stimmt weitgehend mit dem Quelltext des Hash-Tabellen-Testprogramms überein, so daß wir auf einen Abdruck verzichten können.

Die Abbildungen 8.7 bis 8.10 illustrieren den Zustand eines Sets nach verschiedenen Einfüge-, Lösch- und- Suchoperationen.

8.3 Sets

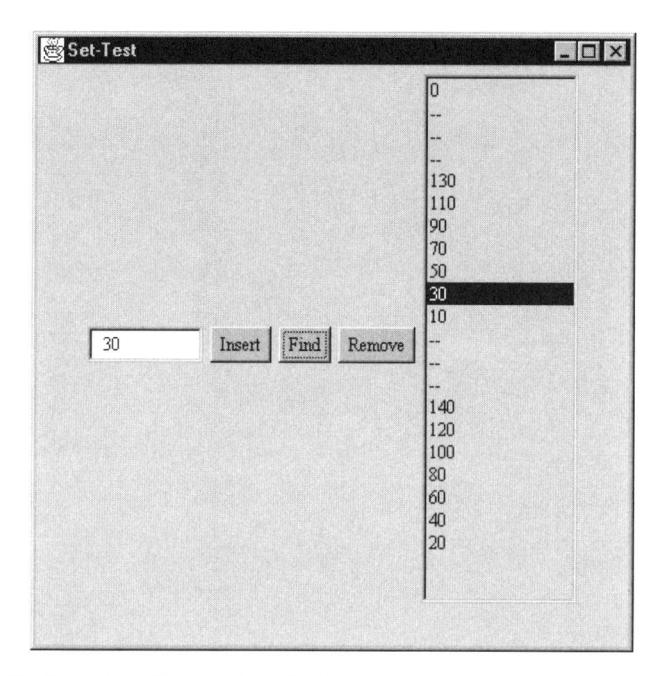

Abb. 8.7: Suchen eines Datensatzes im Set.

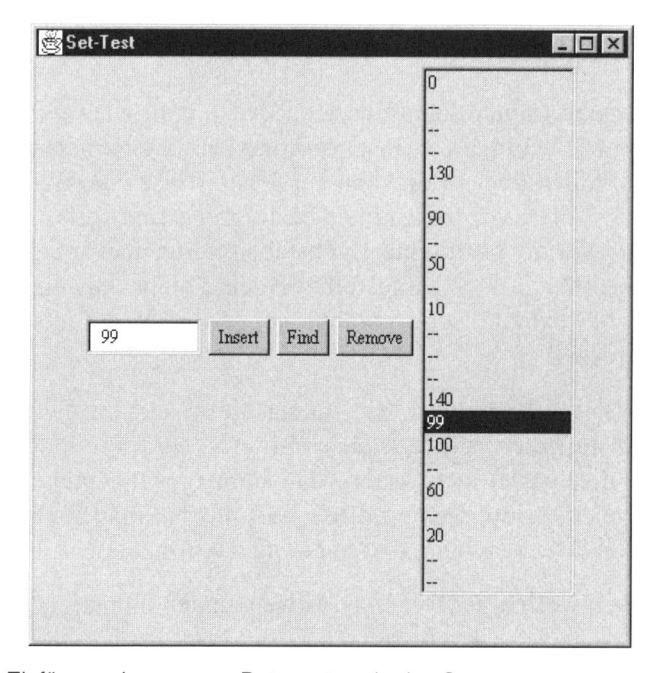

Abb. 8.8: Einfügen eines neuen Datensatzes in das Set.

167

8 Bags und Sets - für Spezialaufgaben

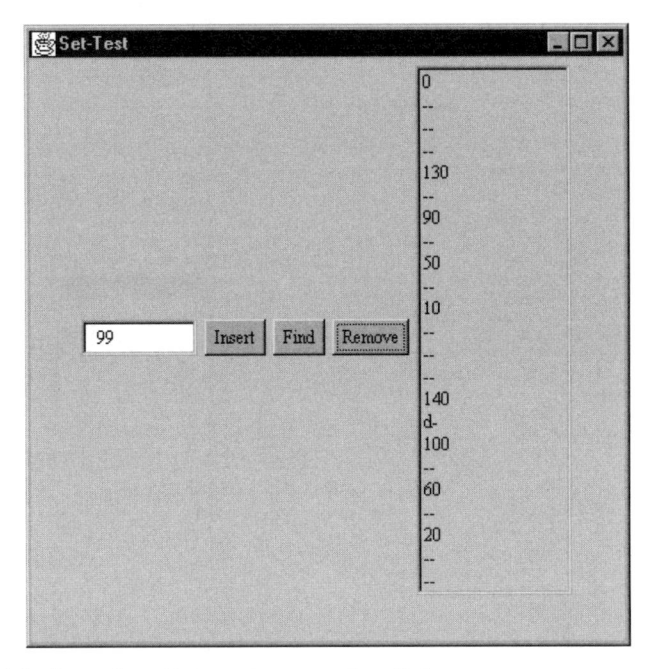

Abb. 8.9: Löschen eines Datensatzes aus dem Set.

8.4 Anwendungen von Sets und Bags

Bags kann man immer dann einsetzen, wenn man wissen will, welche Datensätze wie oft in einer Datei vorkommen - wenn man so will, eine klassische Zählaufgabe. Man kann auf diese Weise zum Beispiel ermitteln, welche Wörter wie oft in einem bestimmten Text vorkommen. Auch Statistiken, wie oft bestimmte Buchstaben verwendet werden, können mittels Bags sehr einfach aufgestellt werden. Solche Anwendungen sind nicht nur auf Textdateien beschränkt, sondern auch auf alle möglichen Dateien anwendbar.

Sets sind etwas bescheidener: Sie können nicht sagen, wie oft bestimmte Datensätze auftreten, sondern sie ermitteln "nur" alle verschiedenen. Aber auch dies ist oft interessant: Man kann zum Beispiel alle verwendeten Wörter in einem Text ermitteln. Oft möchte man auch wissen, ob bestimmte Wörter in einem Text verwendet wurden oder nicht.

Im folgenden wollen wir folgende Anwendungen einmal näher betrachten:

- Erstellen einer Häufigkeitsstatistik von Wörtern in einem Text.

- Erstellen einer Häufigkeitsstatistik von Buchstaben in einem Text.
- Ermitteln aller verwendeten Wörter in einem Text.

Bevor wir jedoch in die Details gehen, wollen wir uns zunächst einen Überblick über die benötigten Funktionen verschaffen und daraus die erforderlichen Klassen ableiten.

8.4.1 Klassenstruktur zur Text-Analyse

Die Überschrift hört sich etwas "hochtrabend" an, da wir ja lediglich die Häufigkeit von Wörtern und Buchstaben in einem Text ermitteln wollen. Grundsätzlich benötigen wir folgende Funktionen für unsere Analyse:

- Einlesen eines Textes aus einer Datei. Diese Funktion ist eher trivial und kann recht einfach realisiert werden. Wir werden dazu eine Methode *readIn* in der steuernden Klasse definieren.

- Zerlegen des Textes in Wörter oder Buchstaben. Diese Funktion ist schon komplexer und wir werden für diesen Zweck mehrere Klassen definieren.

- Erstellen der Häufigkeitsstatistik bzw. Ermittlung aller verwendeten Wörter bzw.Buchstaben. Für diese Funktion benötigen wir ebenfalls eigene Klassen.

- Etwas Benutzungsoberfläche zur Anzeige der Ergebnisse sowie ein verbindendes Rahmenprogramm. Dazu benötigen wir eine Klasse, die wir *TextStatistik* nennen.

Damit wir überhaupt irgendwelche Texte analysieren können, müssen wir als erstes einen Text aus einer Datei einlesen können. Dabei gehen wir davon aus, daß der Text in normalem Textformat (Windows-Zeichensatz) vorliegt. Aus Übersichtlichkeitsgründen lesen wir die ganze Datei in einen String ein und analysieren ihn dann. Dies ist nur bei relativ kleinen Texten praktikabel, bei großen Textdateien müßte man den Text zeilenweise einlesen und gleichzeitig analysieren. Da hier nur das Prinzip demonstriert werden soll, gehen wir den Weg der größeren Übersichtlichkeit.

Mit der folgenden kleinen (und relativ primitiven) Methode kann eine Textdatei in einen String eingelesen werden, wobei CR und LF überlesen werden:

```
private String readIn(String fileName) {
  String text= new String();
  try {
    FileInputStream fi = new
        FileInputStream(fileName);
    DataInputStream inStream = new
        DataInputStream(fi);
    String line;
    while((line=inStream.readLine())!=null) {
      text=text+line;
    }
  }
  catch(IOException e) {
  }
  return text;
}
```

Betrachten wir nun die Klassen, die den eingelesenen Text in einzelne Wörter oder Buchstaben, sogenannten Tokens, zerlegen. Da sich die Zerlegung eines Textes in Wörter oder Buchstaben nicht sehr stark voneinander unterscheidet, bietet es sich an, die gemeinsame Funktionalität in einer (abstrakten) Oberklasse *Tokenizer* zusammenzufassen:

```
public class Tokenizer {
  protected char delimiters[];
  protected int pos;
  protected String text;

  public Tokenizer(char delims[]) {
    delimiters=delims;
  }
  public void setText(String t) {
    text=t;
    pos=0;
  }
  public String nextToken() {
    return null;
```

```
   }
   protected boolean isDelimiter(char c){
      for(int i=0;i<delimiters.length;i++) {
         if(delimiters[i]==c) return true;
      }
      return false;
   }
}
```

Diese Klasse hat drei Instanzvariablen. Die Instanzvariable *text* verweist auf den zu analysierenden Text, der mit der Methode *setText* übergeben wird. Wird mit dieser Methode ein Text übergeben, wird die Instanzvariable *pos* auf den Wert Null gesetzt. Diese Instanzvariable speichert die Position, bis zu der der Text bereits zerlegt wurde. Mit der Methode *nextToken* wird das nächste Token im Text bestimmt. Da die Klasse *Tokenizer* noch nicht festlegt, wie der Text zerlegt werden soll, gibt diese Methode null zurück.

Die Instanzvariable *delimiters* speichert ein Feld von Zeichen, die dem Konstruktor übergeben werden. Dabei handelt es sich um Zeichen, die ein Wort begrenzen bzw. die nicht in der Analyse berücksichtigt werden sollen, wie zum Beispiel ein Leerzeichen, Punkt, Komma, Fragezeichen etc.

Damit bei der Textzerlegung festgestellt werden kann, ob ein Zeichen zu diesen speziellen Zeichen gehört, definiert die Klasse *Tokenizer* eine Testmethode *isDelimiter*, die das übergebene Zeichen daraufhin überprüft.

Mit der Klasse *Tokenizer* alleine kann man noch nicht allzu viel anfangen, da sie lediglich den Rahmen für eine Textzerlegungs-Klasse absteckt. Um einen Text zu zerlegen, muß man geeignete Unterklassen definieren, wie zum Beispiel eine Klasse *WordTokenizer*, die den Text in Wörter zerlegt, oder eine Klasse *CharTokenizer*, die den Text in Buchstaben zerlegt.

Das folgende Listing zeigt die Implementierung der Klasse *WordTokenizer*:

```
import Tokenizer;
public class WordTokenizer extends Tokenizer {

   public WordTokenizer(char delims[]) {
```

8 Bags und Sets - für Spezialaufgaben

```
      super(delims);
   }

   public String nextToken() {
      char c;
      if(pos>=text.length()) return null;
      String token= new String();
      while(!isDelimiter(c=text.charAt(pos++)))
      {
         token=token+String.valueOf(c);
         if(pos == text.length()) break;
      }
      token=token.trim();
      return token;
   }
}
```

Diese Klasse *WordTokenizer* definiert im wesentlichen die Methode *nextToken*. Diese Methode ermittelt das nächste Token (ein Wort), indem sie ausgehend von der aktuellen Position solange weiter liest, bis sie auf einen Delimiter stößt. Ist das Ende des Textes erreicht, so bricht sie ebenfalls ab. Die eingelesenen Buchstaben werden aneinandergefügt und als Token zurückgegeben. Wird die Methode aufgerufen, wenn das Textende bereits erreicht wird, so gibt sie null zurück und signalisiert so dem Aufrufer, daß das Textende erreicht ist.

Diese Methode ist nicht besonders effizient, da für jeden eingelesenen Buchstaben immer wieder ein neuer String mit je einem Buchstaben konstruiert wird. Da hier nur das Prinzip veranschaulicht werden soll, ist dies hier nicht von allzu großer Bedeutung.

Die Klasse *CharTokenizer* ist recht ähnlich, wie das folgende Listing zeigt:

```
import Tokenizer;
public class CharTokenizer extends Tokenizer {

   public CharTokenizer(char delims[]) {
      super(delims);
   }
```

8.4 Anwendungen von Sets und Bags

```
   public String nextToken() {
      char c;
      String token;
      if(pos>=text.length()) return null;
      while(isDelimiter(c=text.charAt(pos++)))
      {
         if(pos == text.length()) break;
      }
      if(!isDelimiter(c)) {
         token=String.valueOf(c);
         token=word.trim();
      } else {
      token = new String("");
      }
      return token;
   }
}
```

Vielleicht fragen Sie sich, warum wir drei Klassen für eine Handvoll von Methoden definiert haben, wo man doch alles auch in einer Klasse bei "geschickter" Programmierung unterbringen könnte.

Nun, zum einen ist die Variante mit drei Klassen wesentlich übersichtlicher - versuchen sie doch einmal eine Klasse aus den drei oben abgedruckten Klassen zu machen! Dies ist bei unserem kleinen Demobeispiel noch nicht so wichtig, aber bei großen komplexen Programmen mit wesentlich komplexeren Algorithmen und einer Vielzahl von Methoden ist das ein sehr wichtiger Aspekt. Ein weiterer wichtiger Aspekt ist, daß Klassen, die sich jeweils nur einer Aufgabe widmen, wesentlich flexibler einsetzbar sind. Außerdem sind sie leichter wartbar und erweiterbar. Wie wir später noch sehen werden, lassen sich die beiden Unterklassen *WordTokenizer* und *CharTokenizer* wie Legobausteine in die eigentlichen Textanalysator-Klassen einklinken. Bei nur einer einzigen Klasse mit je einer Methode für die Zerlegung des Textes in Buchstaben bzw. Wörter wäre dies nicht möglich.

Betrachten wir nun die Klassen, die den Text "analysieren", das heißt zum Beispiel eine Häufigkeitsstatistik erstellen. Auch hier wollen wir zuerst einmal eine abstrakte Oberklasse *TextAnalysis* implementieren, die die gemeinsame öffentliche Schnittstelle definiert:

8 Bags und Sets - für Spezialaufgaben

```
import Tokenizer;

public abstract class TextAnalysis  {
  protected Tokenizer tokenizer;

  public TextAnalysis(Tokenizer atok) {
     tokenizer=atok;
  }

  public void setTokenizer(Tokenizer atok) {
     tokenizer=atok;
  }

  abstract public void clear();

  public void parseText(String text){
     String token;
     tokenizer.setText(text);
     while ((token=tokenizer.nextToken()) !=null) {
        if(token.length() !=0) {
           addToken(token);
        }
     }
  }

  abstract public String[] getStatistik();
  abstract protected void addToken(String token);
}
```

Diese Klasse speichert eine Instanz eines Tokenizers, der als Parameter beim Konstruktor mit übergeben wird. Zu einem späteren Zeitpunkt kann man auch mit der Methode *setTokenizer* einen anderen Tokenizer einfügen. Mit der Methode *clear* kann man den TextAnalysator wieder in einen definierten Anfangszustand versetzen. Da man nur bei einem konkreter Textanalysator sagen kann, wie diese Methode genau arbeitet, ist sie als *abstract* gekennzeichnet, so daß man gezwungen ist, sie bei einer Unterklasse zu implementieren.

8.4 Anwendungen von Sets und Bags

Mit der Methode *parseText* wird ein Text an den Analysator übergeben und dieser zerlegt diesen mit dem übergebenen Tokenizer in Token und fügt sie in sich selber mit der Methode *addToken* ein. Da es einer konkreten Unterklasse überlassen sein muß, was diese Methode genau macht, ist auch sie als *abstract* gekennzeichnet.

Das Ergebnis einer Analyse kann man sich in Form eines String-Arrays durch Aufruf der Methode *getStatistik* "abholen". Da auch diese Methode von der konkreten Implementierung in einer Unterklasse abhängt, ist auch sie als *abstract* gekennzeichnet.

Betrachten wir nun eine Unterklasse, die eine Häufigkeitsstatistik der eingelesenen Token durchführen kann: die Klasse TextFrequencyAnalysis:

```
import TextAnalysis;
import TTBagOpt;
import SortArray;
public class TextFrequencyAnalysis extends TextAnalysis implements SortCondition{
  protected TTBagOpt bag;

  public TextFrequencyAnalysis(Tokenizer tok)
    super(tok);
    bag=new TTBagOpt(1000);
  }

  public void clear() {
    bag.clear();
  }

  public String[] getStatistik(){
    BagElement arr[] = bag.toArray();
    SortArray.ShellSort(this,(Object[])arr,
        arr.length);
    String stat[] = new String[arr.length];
    for (int i=0;i<arr.length;i++) {
      stat[i]=arr[i].toString();
    }
    return stat;
  }
```

8 Bags und Sets - für Spezialaufgaben

```
   protected void addToken(String token) {
      bag.put(token);
   }

   public boolean
      isGreaterThan(Object o1, Object o2) {
      BagElement se1=(BagElement) o1;
      BagElement se2=(BagElement) o2;
      String str1 = (String) se1.key;
      String str2 = (String) se2.key;
      int res = str1.compareTo(str2);
      if (res <0) return true;
         else return false;
      }
}
```

Diese Klasse verwendet einen Bag, um die einzelnen Token zu zählen. Dieser Bag wird im Konstruktor mit einer Anfangsgröße von 1000 Einträgen erzeugt. Die Methode *clear* ruft lediglich die Methode *clear* des Bags auf und die Methode *addToken* fügt das Token mittels der Bag-Methode *put* in den Bag ein.

Die Methode getStatistik muß alle Einträge im Bag zuerst einmal auslesen. Dazu wurde die Bag-Klasse um die Methode toArray ergänzt:

```
public synchronized BagElement[] toArray() {
   BagElement arr[] = new BagElement[n];
   int t = 0;
   for (int i=0;i<data.length;i++) {
      if(!(isNull(data[i])
         ||isDeleted(data[i]))) {
         arr[t]=data[i];
         t++;
      }
   }
   return arr;
}
```

8.4 Anwendungen von Sets und Bags

Diese Methode fügt alle echten Bag-Einträge in ein Array passender Größe ein und liefert es zurück. Die Methode *getStatistik* ruft diese Methode auf und sortiert dieses Array mittels Shell-Sort, damit die Liste der Tokens in alphabetischer Reihenfolge vorliegt. Anschließend werden alle Einträge in dem Array in Strings umgewandelt und in ein Array von Strings eingetragen, das dem Aufrufer der Methode *getStatistik* übergeben wird.

Damit das Array mit den Bag-Einträgen sortiert werden kann, muß die Klasse *TextFrequencyAnalysis* das Interface *SortCondition* implementieren (Methode *isGreaterThan*).

Wenn es nur um die Ermittlung aller verwendeten Wörter geht, ohne daß man wissen will, wie oft diese vorkommen, kann man mit einem Set anstelle eines Bags arbeiten. Dazu definieren wir eine Klasse *TextContentAnalysis*:

```
import TextAnalysis;
import TTSetOpt;
import SortArray;

public class TextContentAnalysis extends
TextAnalysis implements SortCondition{
   protected TTSetOpt set;

   public TextContentAnalysis(Tokenizer tok) {
      super(tok);
      set=new TTSetOpt(1000);
   }

   public void clear() {
      set.clear();
   }

   public String[] getStatistik(){
      SetElement arr[] = set.toArray();
      SortArray.ShellSort(this,(Object[]) arr,
         arr.length);
      String stat[] = new String[set.size()];
      for (int i=0;i<set.size();i++) {
         stat[i]=arr[i].toString();
```

```
            }
         return stat;
      }

      protected void addToken(String token) {
         set.put(token);
      }

      public boolean
         isGreaterThan(Object o1, Object o2) {
         SetElement se1=(SetElement) o1;
         SetElement se2=(SetElement) o2;
         String str1 = (String) se1.key;
         String str2 = (String) se2.key;
         int res = str1.compareTo(str2);
         if (res <0) return true;
            else return false;
      }
}
```

Damit haben wir bis auf das steuernde Rahmenprogramm alle Bausteine für unsere Textanalyse zusammen.

8.4.2 Erstellen einer Häufigkeitsstatistik von Wörtern und Buchstaben in einem Text

Betrachten wir nun als erstes den Fall, daß wir eine Häufigkeitstatistik von Wörtern und Buchstaben in einem Text erstellen wollen. Die Ergebnisse wollen wir in je einer Listbox darstellen, in der linken die Häufigkeitsstatistik aller Wörter in dem zu analysierenden Text, in der rechten Listbox die Häufigkeitsstatistik aller Buchstaben.

Die Klasse, die dieses einfache "GUI" implementiert und außerdem das Einlesen und die Analyse eines Textes ansteuert, muß eine Unterklasse der Klasse *Frame* sein. Wir nennen sie *TextStatistik*. Als erstes importieren wir in der Datei "TextStatistik.java" die erforderlichen Klassen und Pakete, unter anderem auch alle oben definierten Klassen:

```
import java.awt.*;
import java.lang.*;
import java.util.*;
import java.io.*;
import WordTokenizer;
import CharTokenizer;
import TextContentAnalysis;
import TextFrequencyAnalysis;

public class TextStatistik extends Frame {
   List wordliste;
   List charliste;

   TextStatistik(String titel) {
      super(titel);
      setLayout(new GridLayout(1,2));
      wordliste=new List(20,false);
      charliste=new List(20,false);
      add(wordliste);
      add(charliste);
      resize(500,400);
      show();
   }
```

Im Konstruktor wird das GUI zusammengebaut, das - wie bereits erwähnt - nur aus zwei Listboxen zur Anzeige der Ergebnisse dient. Die folgende Methode *analyse* liest einen Text ein und analysiert ihn dann mit Hilfe der Klassen *WordTokenizer*, *CharTokenizer* und *TextFrequencyAnalysis:*

```
public void analyse() {
   String text=readIn("test.txt");
  text=text.toUpperCase(); //auskommentieren,
   // wenn nicht erwünscht
   char delims[]= {' ','.',',',';','"','!','?'};
   WordTokenizer wtok=new WordTokenizer(delims);
   CharTokenizer ctok=new CharTokenizer(delims);
   TextAnalysis tan;
   tan=new TextFrequencyAnalysis(wtok);
   tan.parseText(text);
   String stat[]=tan.getStatistik();
   for(int i=0;i<stat.length;i++){
```

8 Bags und Sets - für Spezialaufgaben

```
            wordliste.addItem(stat[i]);
         }
         tan.setTokenizer(ctok);
         tan.clear();
         tan.parseText(text);
         stat=tan.getStatistik();
         for(int i=0;i<stat.length;i++){
            charliste.addItem(stat[i]);
         }
}
```

Als erstes wird aus einer Datei "test.txt" ein Text eingelesen. Dieser Dateiname ist im Programm fest eingebrannt, es steht Ihnen jedoch frei, dem Programm eine Datei-Dialogbox hinzuzufügen und dann interaktiv eine zu analysierende Datei auszuwählen. Als nächstes wird ein Charakter-Array mit Delimitern definiert, das übliche Satzzeichen enthält. Sie können diese Liste jedoch nach Gutdünken abändern und ergänzen. Anschließend wird je eine Instanz der Klassen *WordTokenizer* und *CharTokenizer* erzeugt. Nachdem eine Instanz der Klasse *TextFrequencyAnalysis* mit der *WordTokenizer*-Instanz als Parameter erzeugt worden ist, wird der Text mit der erzeugten Instanz analysiert und das Ergebnis mittels der Methode *getStatistik* ausgelesen und in die Listbox *wordliste* eingefügt. Danach wird die *TextFrequencyAnalysis*-Instanz *tan* mit der Methode *setTokenizer* auf den *CharTokenizer ctok* umgesetzt und mittels Aufruf der Methode *clear* wieder ein definierter Anfangszustand hergestellt. Als nächstes kann der Text wieder erneut analysiert werden. Das Ergebnis ist nun eine Buchstabenhäufigkeitsstatistik und sie wird in die (rechte) Listbox *charListe* eingefügt.

Die nächste Methode der Klasse *TextStatistik* ist die eigentliche Einleseroutine, die bereits schon weiter oben abgedruckt wurde:

```
private String readIn(String fileName) {
   String text= new String();
   try {
      FileInputStream fi =
         new FileInputStream(fileName);
      DataInputStream inStream =
         new DataInputStream(fi);
      String line;
      while((line=inStream.readLine())!=null) {
```

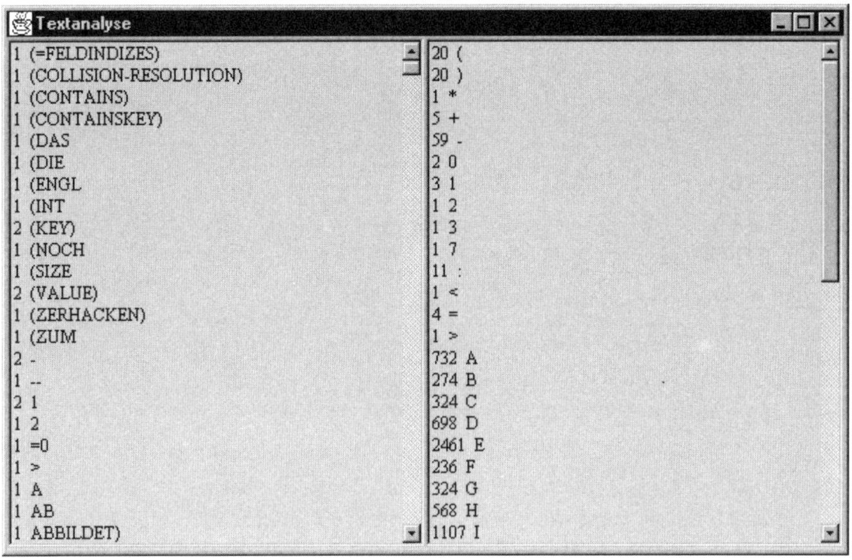

8.4 Anwendungen von Sets und Bags

```
Textanalyse
1 (=FELDINDIZES)              20 (
1 (COLLISION-RESOLUTION)      20 )
1 (CONTAINS)                  1 *
1 (CONTAINSKEY)               5 +
1 (DAS                        59 -
1 (DIE                        2 0
1 (ENGL                       3 1
1 (INT                        1 2
2 (KEY)                       1 3
1 (NOCH                       1 7
1 (SIZE                       11 :
2 (VALUE)                     1 <
1 (ZERHACKEN)                 4 =
1 (ZUM                        1 >
2 -                           732 A
1 --                          274 B
2 1                           324 C
1 2                           698 D
1 =0                          2461 E
1 >                           236 F
1 A                           324 G
1 AB                          568 H
1 ABBILDET)                   1107 I
```

Abb. 8.10: Ergebnis einer Analyse: alle Wörter und Buchstaben in Großbuchstaben.

```
            text=text+line;
        }
    }
    catch(IOException e) {
    }
    return text;
}
```

Die letzte Methode ist die Methode main, die eine Instanz der Klasse *TextStatistik erzeugt* und die Methode *analyse* aufruft:

```
public static void main(String argv[]){
    TextStatistik appl=
      new TextStatistik("Textanalyse");
    appl.analyse();
  }
}
```

Die folgenden Abbildungen 8.10 bis 8.14 zeigen die Ergebnisse eines Testlaufs. Bei 8.10 und 8.11 wurde der gesamte Text in Großbuchstaben konvertiert.

181

8 Bags und Sets - für Spezialaufgaben

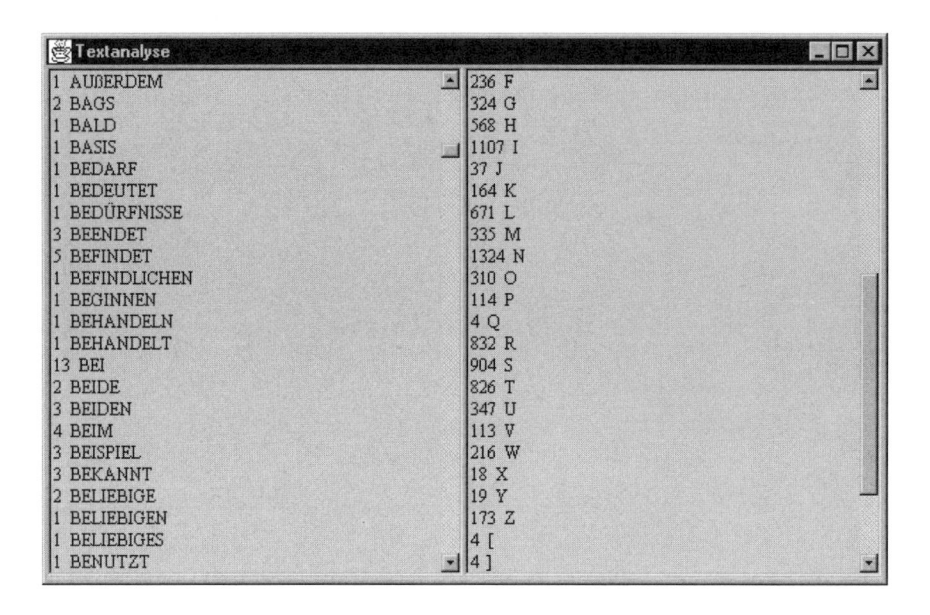

```
Textanalyse                                      _ □ ×
1 AUßERDEM        ▲   236 F                         ▲
2 BAGS                324 G
1 BALD                568 H
1 BASIS               1107 I
1 BEDARF              37 J
1 BEDEUTET            164 K
1 BEDÜRFNISSE         671 L
3 BEENDET             335 M
5 BEFINDET            1324 N
1 BEFINDLICHEN        310 O
1 BEGINNEN            114 P
1 BEHANDELN           4 Q
1 BEHANDELT           832 R
13 BEI                904 S
2 BEIDE               826 T
3 BEIDEN              347 U
4 BEIM                113 V
3 BEISPIEL            216 W
3 BEKANNT             18 X
2 BELIEBIGE           19 Y
1 BELIEBIGEN          173 Z
1 BELIEBIGES          4 [
1 BENUTZT         ▼   4 ]                           ▼
```

Abb. 8.11: Ergebnis einer Analyse: Alle Wörter und Buchstaben in Großbuchstaben (Fortsetzung).

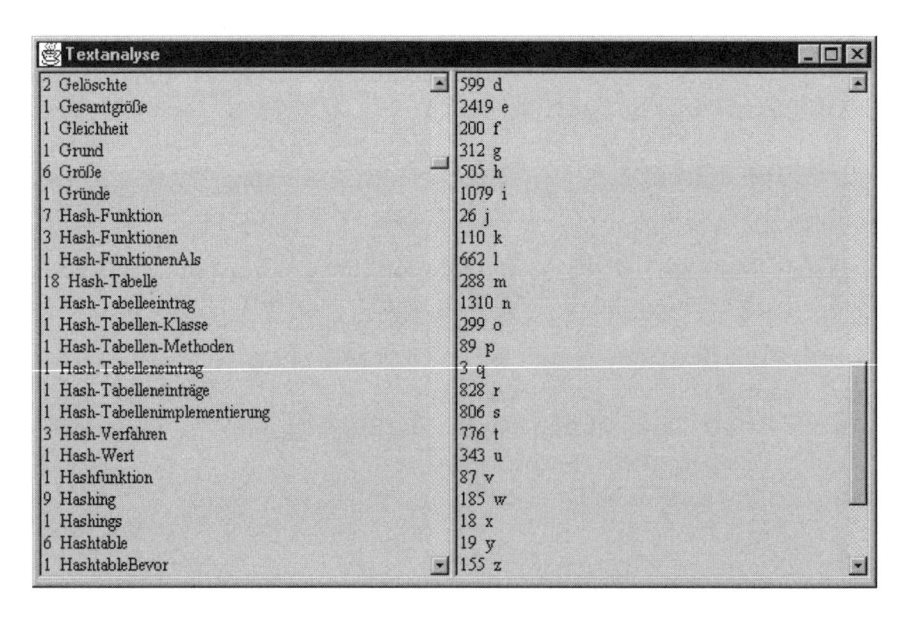

```
Textanalyse                                      _ □ ×
2 Gelöschte                ▲   599 d                ▲
1 Gesamtgröße                  2419 e
1 Gleichheit                   200 f
1 Grund                        312 g
6 Größe                        505 h
1 Gründe                       1079 i
7 Hash-Funktion                26 j
3 Hash-Funktionen              110 k
1 Hash-FunktionenAls           662 l
18 Hash-Tabelle                288 m
1 Hash-Tabelleeintrag          1310 n
1 Hash-Tabellen-Klasse         299 o
1 Hash-Tabellen-Methoden       89 p
1 Hash-Tabelleneintrag         3 q
1 Hash-Tabelleneinträge        828 r
1 Hash-Tabellenimplementierung 806 s
3 Hash-Verfahren               776 t
1 Hash-Wert                    343 u
1 Hashfunktion                 87 v
9 Hashing                      185 w
1 Hashings                     18 x
6 Hashtable                    19 y
1 HashtableBevor           ▼   155 z                ▼
```

Abb. 8.12: Ergebnis einer Analyse: Alle Wörter und Buchstaben differenziert nach Groß- und Kleinschreibung

8.4 Anwendungen von Sets und Bags

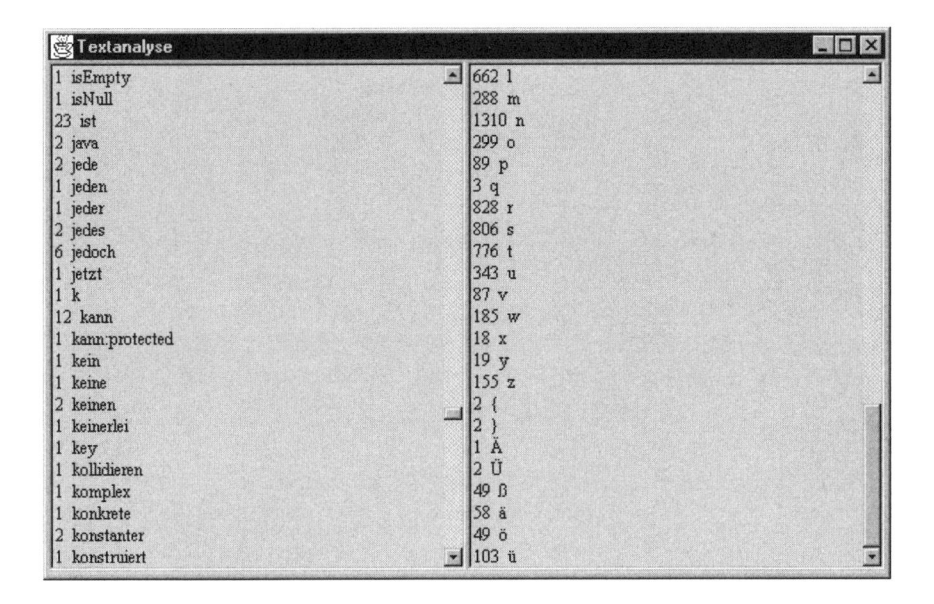

```
Textanalyse                                    _ □ ×
1 isEmpty                        ▲   662 l                    ▲
1 isNull                             288 m
23 ist                               1310 n
2 java                               299 o
2 jede                               89 p
1 jeden                              3 q
1 jeder                              828 r
2 jedes                              806 s
6 jedoch                             776 t
1 jetzt                              343 u
1 k                                  87 v
12 kann                              185 w
1 kann:protected                     18 x
1 kein                               19 y
1 keine                              155 z
2 keinen                             2 {
1 keinerlei                          2 }
1 key                                1 Ä
1 kollidieren                        2 Ü
1 komplex                            49 ß
1 konkrete                           58 ä
2 konstanter                         49 ö
1 konstruiert                    ▼   103 ü                    ▼
```

Abb. 8.13: Ergebnis einer Analyse: Alle Wörter und Buchstaben differenziert nach Groß- und Kleinschreibung (Fortsetzung).

Schon bei diesem kurzen Text wird übrigens deutlich, daß das "E" bzw. genauer das kleine "e" der häufigste Buchstabe im Deutschen ist. Wenn Sie ein wenig experimentieren wollen, so sollten Sie einmal längere deutsche und ausländische Text analysieren und die Ergebnisse vergleichen. Solche Häufigkeitsstatistiken sind übrigens eine Waffe der Kryptographen für das Brechen relativ einfacher Verschlüsselungsverfahren.

8.4.3 Ermitteln aller verwendeten Wörter und Buchstaben in einem Text

Als letzte Beispielanwendung wollen wir ermitteln, welche Worte bzw. Buchstaben in einem Text verwendet wurden. Dazu müssen wir in der Methode analyse der Klasse TextStatistik lediglich statt einer Instanz der Klasse TextFrequencyAnalysis eine Instanz der Klasse TextContentAnalysis erzeugen und dann einfach neu kompilieren - das ist alles. Die folgenden Abbildungen 8.15 und 8.16 zeigen die Ergebnisse eines Testlaufs.

8 Bags und Sets - für Spezialaufgaben

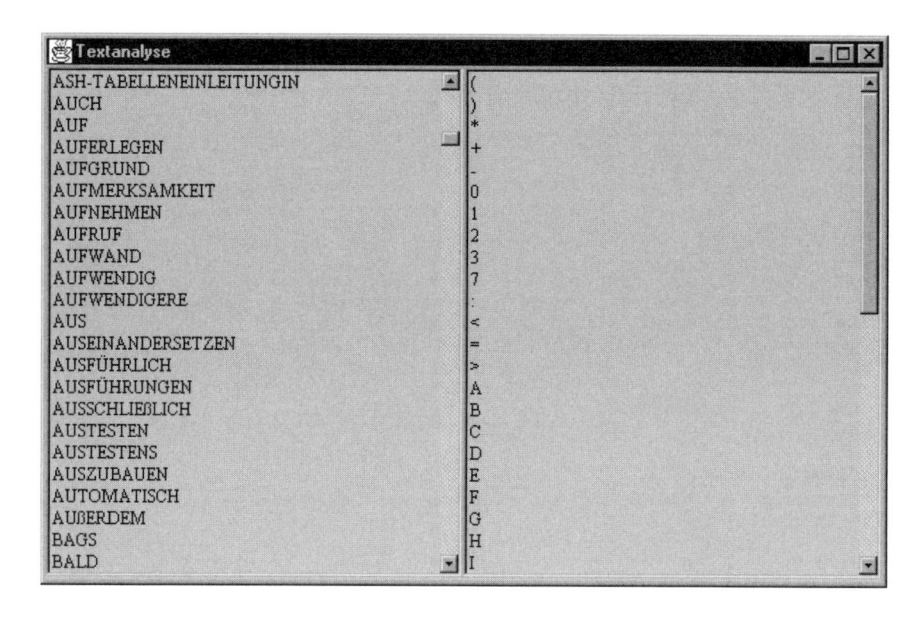

```
Textanalyse                                    _ □ ×
ASH-TABELLENEINLEITUNGIN    ▲  (                ▲
AUCH                           )
AUF                            *
AUFERLEGEN                     +
AUFGRUND                       -
AUFMERKSAMKEIT                 0
AUFNEHMEN                      1
AUFRUF                         2
AUFWAND                        3
AUFWENDIG                      7
AUFWENDIGERE                   :
AUS                            <
AUSEINANDERSETZEN              =
AUSFÜHRLICH                    >
AUSFÜHRUNGEN                   A
AUSSCHLIEßLICH                 B
AUSTESTEN                      C
AUSTESTENS                     D
AUSZUBAUEN                     E
AUTOMATISCH                    F
AUßERDEM                       G
BAGS                           H
BALD                        ▼  I                ▼
```

Abb. 8.14: Ergebnis einer Analyse: Alle Wörter und Buchstaben in Großbuchstaben.

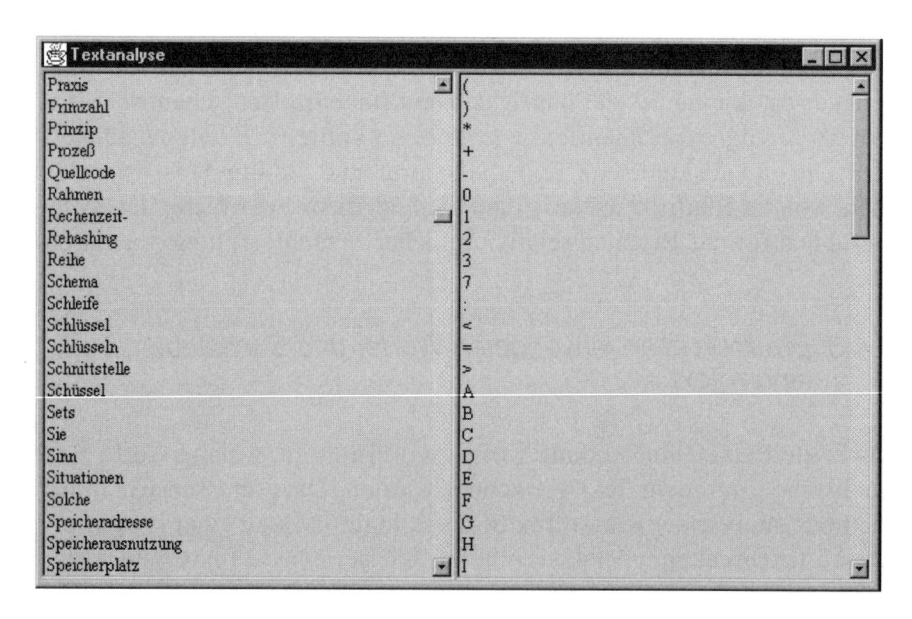

```
Textanalyse                                    _ □ ×
Praxis                      ▲  (                ▲
Primzahl                       )
Prinzip                        *
Prozeß                         +
Quellcode                      -
Rahmen                         0
Rechenzeit-                    1
Rehashing                      2
Reihe                          3
Schema                         7
Schleife                       :
Schlüssel                      <
Schlüsseln                     =
Schnittstelle                  >
Schüssel                       A
Sets                           B
Sie                            C
Sinn                           D
Situationen                    E
Solche                         F
Speicheradresse                G
Speicherausnutzung             H
Speicherplatz               ▼  I                ▼
```

Abb. 8.15: Ergebnis einer Analyse: Alle Wörter und Buchstaben differenziert nach Groß- und Kleinschreibung

Damit sind wir am Ende unserer Ausführungen zu Such- und Sortierverfahren. Wenn Sie ein wenig nachdenken und die obigen Beispiele als Muster heranziehen, so werden Sie noch eine Reihe weiterer Anwendungen finden, die Sie leicht implementieren können. Viel Erfolg!

Sachverzeichnis

A

Algorithmus 11 - 12, 15
    Auswahl eines ... 15
    Beseitigung der Rekursion 59
    effizienter ... 15
    Laufzeitanalyse eines ... 17
    nichtrekursiver... 56
    Rechenzeitbedarf eines ... 15 - 17
    rekursiver... 56
    Sortier- 15
    Speicherplatzbedarf 15
    Such- 15, 81
    Vergleich 16
Assembler 11 - 12

B

Bag 13, 143 - 145, 147, 149, 151, 153, 155, 157
    Anwendungen 168 - 169, 171, 173, 175, 177, 179, 181, 183, 185
    Speicherplatzoptimierung 152
Benchmark 12
Benchmarktest 17

C

C++ 19

D

Datei 13, 25
    große ... 40
    kleine... 24
    nahezu sortierte ... 24, 32
    zufällige Anordnung 59
Datenbank 81
    relationale ... 81
Datensatz 13, 25
    Einfügen 81, 85, 89
    Löschen 81, 87, 89, 125
    Sequentielle Suche 89
    Suchen 81, 86, 146, 157, 161
Datenstruktur 13
    Bag 143
    Heap 68
    Prioritätswarteschlangen 68
    Set 143

H

h-sortiert 36
Hash-Funktion 113, 116
Hash-Tabelle 13, 143 - 144
    Vergrößerung einer ... 125
Hash-Verfahren 114
Hashing 113
    Doppeltes ... 139
    getrennte Verkettung 114, 140
    Kollisionen 114
    Kollisionsbeseitigung 114, 118
    lineares Austesten 118
    offene Adressierung 114, 117, 119, 121, 123, 125, 127, 129, 131, 133, 135, 137
    Rehashing 114, 125
    Tabellenvergrößerung 114

Häufigkeitsstatistik
   von Buchstaben 169
   von Wörtern 168
Heap
   Aufbauphase 74
   Sortierphase 74
Heap-Algorithmen 69
Heap-Bedingung 69
Hoare, C. A. R. 56

J

Java-Performanz 49
Job-Scheduling 69

L

Laufzeit
   lineare ... 17
   logarithmische ... 17
   loglineare... 17
   quadratische... 18
   Vergleich 18
Laufzeitverhalten
   binäre Suche 102
   Doppeltes Hashing 139
   Hashing, getrennte Verkettung 140
   Hashing, lineares Austesten 134
   Heapsort 67
   Insertion-Sort 32
   Interpolationssuche 106
   Quicksort 55
   Selection-Sort 35
   sequentielles Suchen 88
   Shell-Sort 40

O

Objektorientierte Klassenbibliotheken 114
Objektorientierte Programmierung 19

Optimierung 24

P

Primzahl 117
Programe
   TTHashTable::remove 122
Programme
   BagElement 144, 153
   BagTest 148
   BinSearchVector::downSearch 98
   BinSearchVector::find 97
   BinSearchVector::removeAll 101
   BinSearchVector::sort 96
   BinSearchVector::upSearch 98
   CharTokenizer 172
   downHeap 71
   equals 115
   hashCode 115
   HashSearchBench 135
   HashTest 128
   Heap 70
   Heap::insert 72
   Heap::remove 72
   HeapSort 73
   initSortArray 41
   InsertionSort 28
   IntegerSortBench 43
   IntpolSuchCondition 104
   IntpolSuchCondition::difference 104
   IntpolSuchCondition::find 104
   KeyValuePair 119, 144
   QuickSort 62, 64
   QuickSortNichtRekursiv 60
   QuickSortRekursiv 57
   readIn 170
   rndInitSortArray 41
   SearchBench 107
   SelectionSort 33
   SeqSearchTest 91
   SeqSearchVector 84
   SeqSearchVector::add 85
   SeqSearchVector::deleteElementAt 87
   SeqSearchVector::find 86
   SeqSearchVector::remove 88
   SetElement 162
   ShellSort 37
   SortBench 46
   StopUhr 42

SuchCondition 83
TeileAuf 58
TextAnalyis:analyse 179
TextAnalysis 174
TextContentAnalysis 177
TextFrequencyAnalysis 175
TextStatistik 179
Tokenizer 170
TTBag 144
TTBag::put 146
TTBag::remove 147
TTBagOpt 153
TTBagOpt::enlarge 157
TTBagOpt::put 156
TTBagOpt::remove 157
TTBagOpt::toArray 176
TTHashTable 119
TTHashTable::clear 122, 127
TTHashTable::contains 122, 127
TTHashTable::containsKey 122, 125
TTHashTable::enlarge 126
TTHashTable::find 122, 124
TTHashTable::get 124
TTHashTable::getAt 122
TTHashTable::isEmpty 121
TTHashTable::put 122
TTHashTable::remove 125
TTHashTable::size 121
TTHashTable::tableSize 121
TTSet 160
TTSetOpt 163
upHeap 70
WordTokenizer 171
WordTokenizer::nextToken 172

R

Rechenzeitbedarf 24

S

Schlüssel 25, 113, 116, 118
    gleiche ... 82
Set 13, 143, 159, 161, 163, 165, 167
    Anwendungen 168 - 169, 171, 173, 175, 177, 179, 181, 183, 185
    Implementierungsmöglichkeiten 159
    Speicherplatzoptimierung 162
Sortierverfahren
    "Höhere" ... 55 - 56, 58, 60, 62, 64, 66, 68, 70, 72, 74, 76, 78, 80
    Benchmarkergebnisse 46
    Benchmarktest 41
    Bubble-Sort 12, 36
    elementare... 13, 23
    externes... 25
    Heapsort 13, 55, 67, 69, 71 - 73, 75, 77
    Insertion-Sort 28 - 29, 31
    internes ... 25
    Laufzeit 26
    Quicksort 11 - 13, 23, 55 - 57, 59, 61, 63, 65
    Selection-Sort 32 - 33, 35
    Shell-Sort 24, 26, 36 - 37, 39
    Speicherplatzbedarf 26
    Stabilität eines... 26
    Vergleich 78 - 79
    Vergleich Quicksortimplementierungen 66
    Vergleich von ... 40 - 41, 43, 45, 47, 49, 51, 53
Speicherausnutzung, effiziente 114
Speicherplatzbedarf 24
SQL 81
Suchen
    Binäres ... 82, 96 - 97, 99, 101
    Interpolations- 82, 103, 105
    sequentielles ... 82 - 83, 85, 87, 89, 91, 93, 95
Suchoperation 81
Suchverfahren 13, 81 - 82, 84, 86, 88, 90, 92, 94, 96, 98, 100, 102, 104, 106, 108, 110, 112
    Eigenschaften 88
    Empfehlungen 112
    Vergleich 107, 109, 111

T

Tabellenadresse 113
Teile und herrsche 55, 96
Textanalyse 178

Notizen

Notizen